書下ろし

京都でのんびり

―私の好きな散歩みち―

小林由《ゆき》枝《え》

JN286200

祥伝社黄金文庫

目次　2

本文デザイン・黒正啓貴／地図製作・佐藤加奈子／編集協力・宮脇眞子

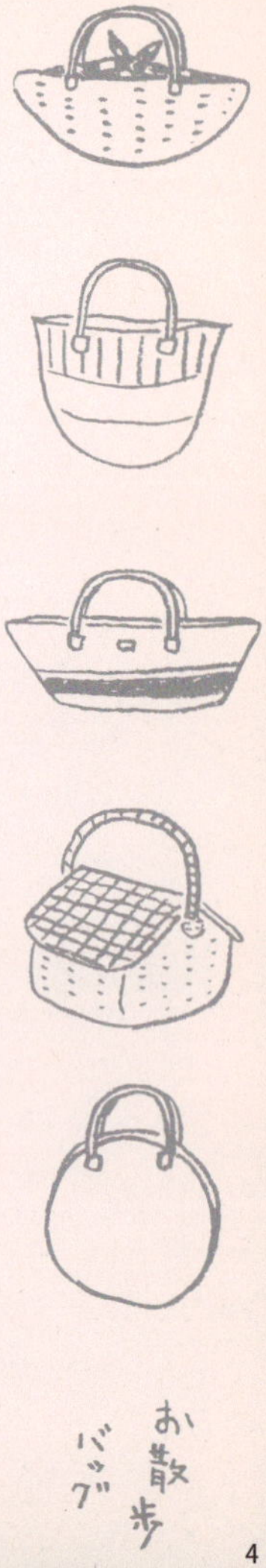

はじめに

京都は何をするにもちょうどいいサイズです。お買い物をするにしてもおさんぽをするにも、小さすぎず大きすぎず。暮らしていて妙に感心しています。

そんな京都には、歩くという速度がとてもあっていると思います。見たり、耳をすませたり、香りやにおいをかいだりと、その季節、その日、その時に身をおいて何かをさがしたりするのにピッタリのスピード。だからおさんぽ。おっとりした私でも何かを発見できたりします。もちろん何もみつからなかったという日もあるけれど、それはそれで私にとって大切な時間。何も考えずにたのしんでいます。
そんなふうに私なりに少しずつ見聞きして好きになったことを、この本の中に描いてみました。皆さんにとっての小さくて美しい京都、小さいけれど深い京都をさがし歩いてみるきっかけになればとても嬉しいです。

さて、今日もあてなくぷらりとでかけ、風に吹かれ、夕方のお寺の鐘とともに帰ってきましょう。

この本で紹介しているお散歩エリア

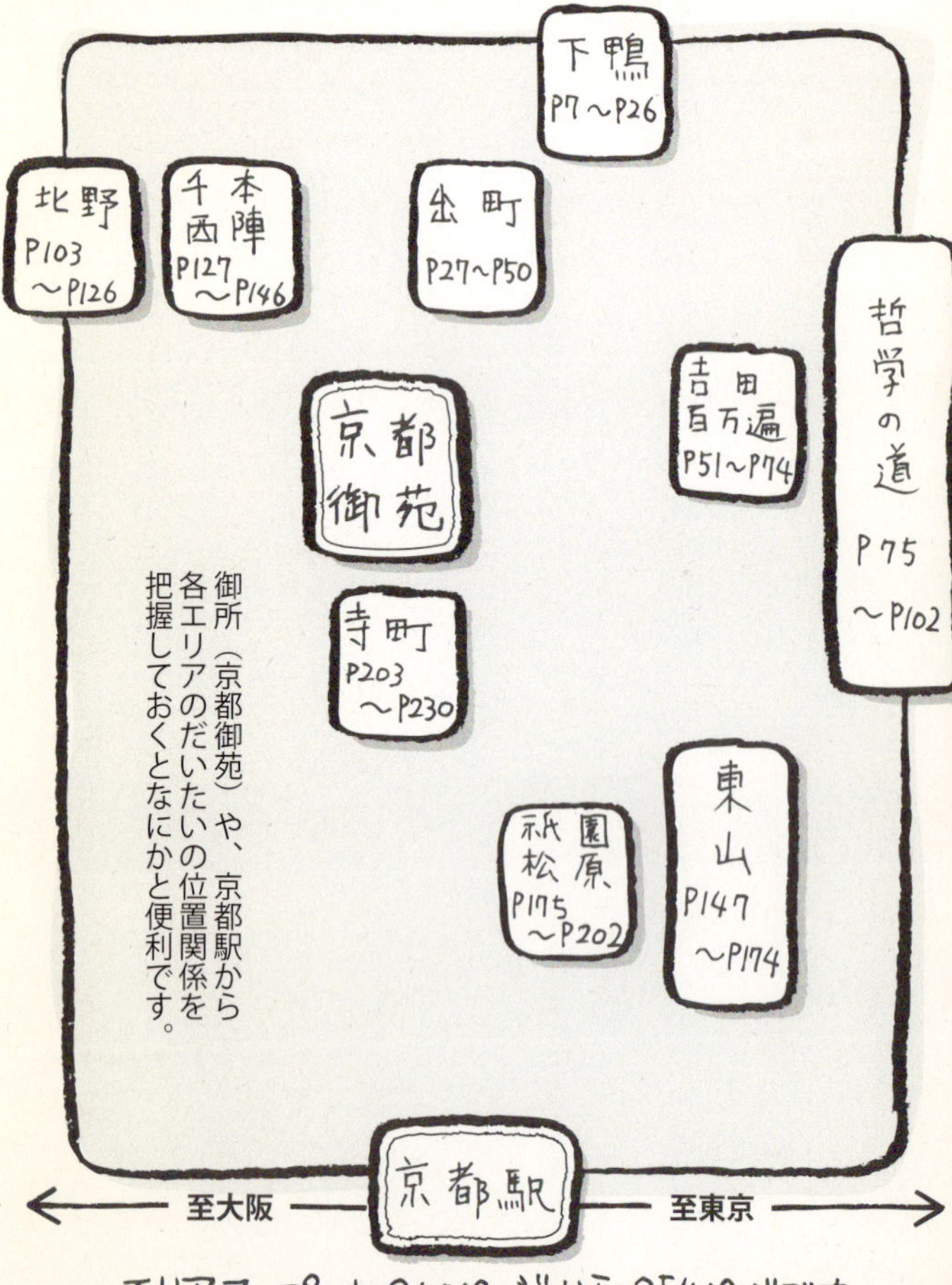

エリアマップは244ページから254ページです。

古代からの変わらぬ風

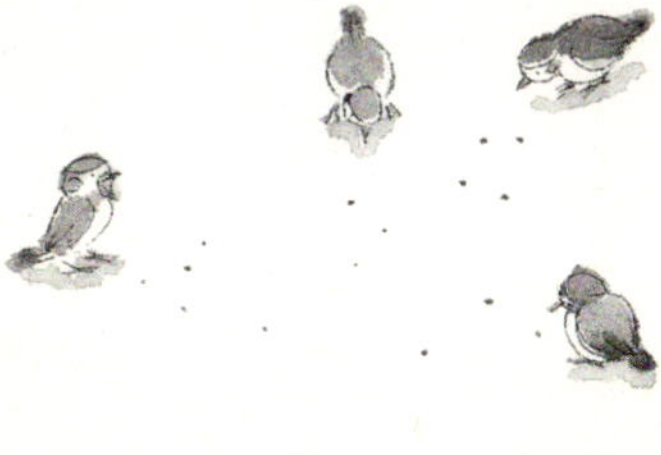

しもがも

お散歩といえば最初に思い浮かぶのはやっぱり下鴨《しもがも》です。下鴨神社の名で親しまれる賀茂《かも》御祖《みおや》神社と、そこに隣接する糺《ただす》の森を中心とした地域で、私の生まれ育った場所です。

「糺の森で遊んでくる！」

子供の頃の遊び場は、いつも大好きな糺の森。おてんばだった私は、神社ができる前から大切にされてきた神聖な森を、毎日好き放題に駆け巡っていました。

当時は、草木が今よりもうっそうと生い茂っていて、日がかげると昼でも薄暗く夜は真っ暗。私には慣れ親しんだ遊び場でしたが、やはりそこは鎮守《ちんじゅ》の杜《もり》。子供の頃には不思議なこともありました。

例えば、いつものように遊んでいると、見慣れた森の雰囲気がまるで境界線を越えたかのようにふっと変わる。気配を感じて老木を見上げても何もありません。その何かは、そのうちざわざわと枝葉をならしながら去っていくのですが、それまで遊びも中断。とくに怖いとも思わなかったのが、今思うと不思議です。

参道を散歩していてそんなことを思い出すと、やっぱりこの場所に神社ができたのには、それなりの理由があったんやろなぁ、などと考えたりします。

参道は静かな森の中をまっすぐにお社《やしろ》まで続きます。新緑の季節、木漏れ日の道は、とても美しく清らかです。昔はよ

く時代劇の撮影をやっていて、お侍さんや町娘姿の役者さんがうろうろしていました。その横でかくれんぼなんかをしていたのですから、すごいじゃまやったんやろなぁ。撮影は今も時折行われていて、散歩中に遭遇したらちょっと得した気分です。

そうそう、参道の終わり、お社の手前に二本の幹が途中で一本に交わる木が祀《まつ》られています。縁結びに御利益《ごりやく》があるそうなので気になる方はお参りを。

毎年、土用の丑《うし》の日には、夜の散歩に出かけます。御手洗《みたらし》祭りです。葵《あおい》祭の主役、斎王代《さいおうだい》も禊《みそ》ぎをするという神聖な御手洗《みたらい》池に足をつけ、身を清めて無病息災を祈ります。冷たい地下水の湧き出る池に入ると、皆が手にしたロウソクの灯《あか》りがゆらゆらと漂《ただよ》い、とても幻想的。そして何より、気持ちいい！

神様にお参りした後には、もう一つのお楽しみ、〝みたらし団子〟が待っています。御手洗池に湧き出す水玉を形どったというこのお団子は、ここが発祥の地。後醍醐《ごだいご》天皇も愛した古いふるい歴史を持つお菓子。黒砂糖と葛粉《くずこ》でできた独特のタレがかかっていて、私は子供の頃からやみつきなのです。

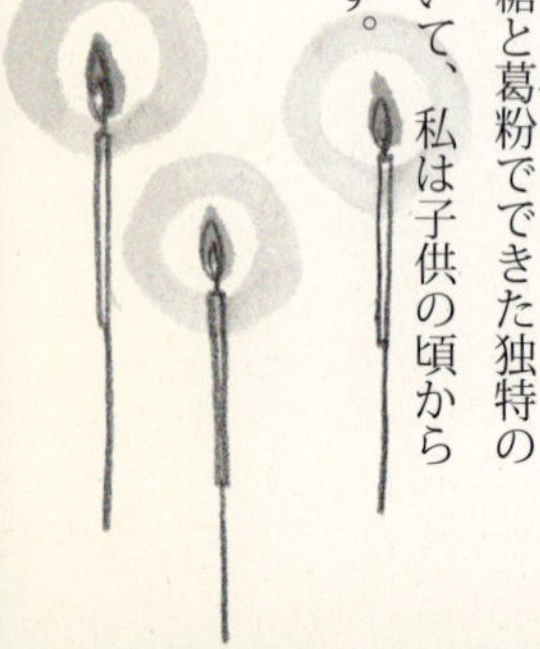

おもいっきり
走ったり
ひみつの話をしたり
どんぐりをあつめたり
小犬をひろったのも
森のなかだった。

下鴨神社（賀茂御祖《かもみおや》神社）

下鴨本通にある「下鴨神社」の
バス停から東へ入ると
朱の鳥居が見えてきます。

手水舎《ちょうずや》
水神守護
鴨社大炊殿

境内の
御手洗社や
大炊殿にある
井戸と
同じ水源の
お水です。

手水舎にある
お札が水の清らかさを
感じさせます。

カモ社は上《かみ》・下《も》に分かれ
上は上賀茂《かみがも》神社
下は下鴨《しもがも》神社
そして上賀茂神社の
祭神のお母さんが
下鴨神社に
祀られているので
おや神（御祖）なのです

●エリアマップはP244●

鳥居をくぐると
白砂の境内が広がっています。
お天気の良い日は
屋根の美しい曲線が
足元に影となり見ることができます。

近ごろ
シンボル的に
見かけるようになった
八咫烏《やたがらす》は
下鴨神社の祭神の一人
賀茂《かも》建角身命《たけつぬみのみこと》の化身

八咫烏は3本足です
こっち
こっち

暗い道(未知)に
迷わぬように先導し
導いてくださるのです。

言社《ことしゃ》
（えとのお社）

中門から
中に入ると
えと（十二支）の
守護神が
いらっしゃいます。

お守授与所に
小さくてかわいい
「干支守袋」発見
500えん

中央本殿には
祭神
賀茂建角身命《かもたけつぬみのみこと》と
玉依媛命《たまよりひめのみこと》が
お祀りされています

大炊殿《おおいどの》

そして本殿の西に
神様の
お供え物だけを
調理する社殿
大炊殿が
あります

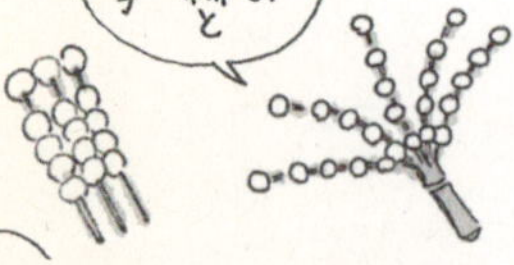

神様専用のおくどさん

神饌《しんせん》は
古代人の
美意識を
感じます

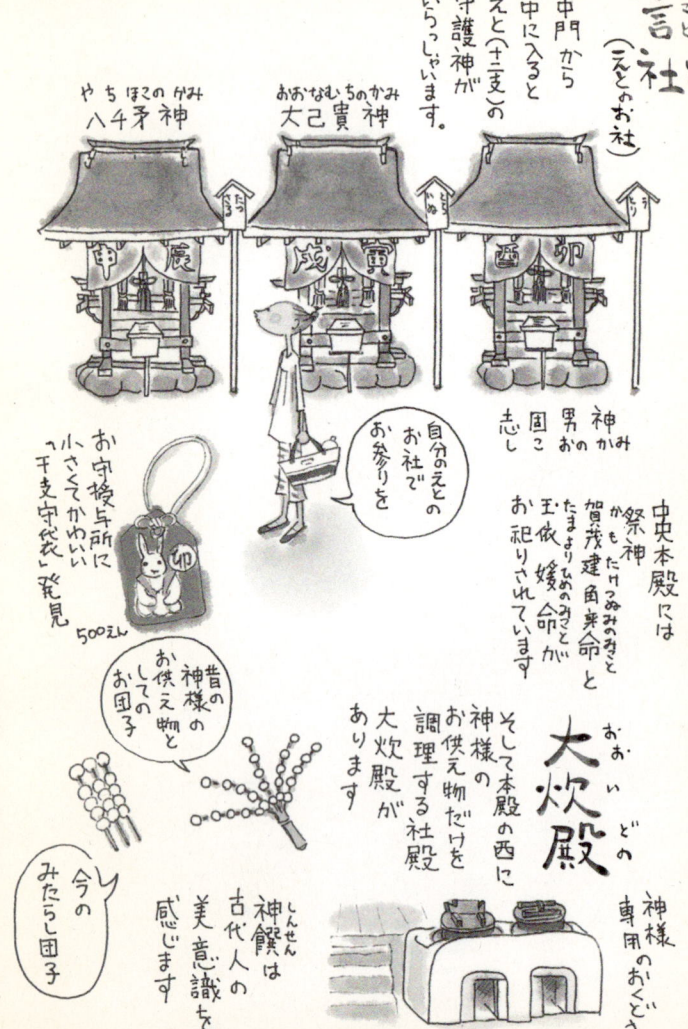

大炊殿の 葵《あおい》の庭

神社の御神紋である
双葉葵が
自生するお庭があります。
葵は昔
「あふひ」と書かれ、
「あふ」は会う、
「ひ」は神様のお力を
示す言葉。
神様の力に出会う
植物と
伝えられています。

私の家も
下鴨神社の
氏子だったので
お祭り(葵祭)に
なると
葵の提灯を
軒下につるしていました。

加茂みたらし茶屋

みたらし団子は
私にとって特別な食べもの

甘いものが
苦手だった私が
これだけは
大好きだった、お団子。
お祭りやお客さんのある日に
買いに走るのは
もっぱら私のお役目でした。
蜜の味が
決め手で
忘れられない味です。

御手洗池に
湧く水の泡を
あらわしている団子

下鴨神社
近くにあります

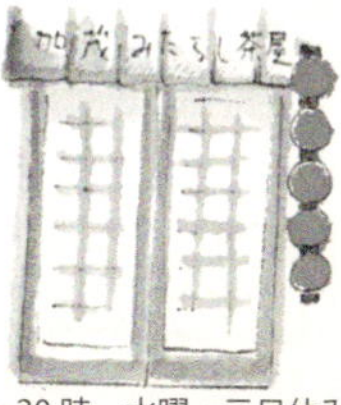

9時30分〜20時　水曜、元日休み

境内東 輪橋《そりはし》と光琳の梅

御手洗川にかかる
朱色の輪橋
尾形光琳がこの辺りを
描いたのが「紅白梅図屏風」
以来、橋の横にある梅の木が
「光琳の梅」と
呼ばれるようになりました。

御手洗《みたらし》社

神聖な井戸の上に
建立され
「井上《いのうえ》の社」
ともいう。
ここから
湧き出た水は
さまざまな
神事に使われます。

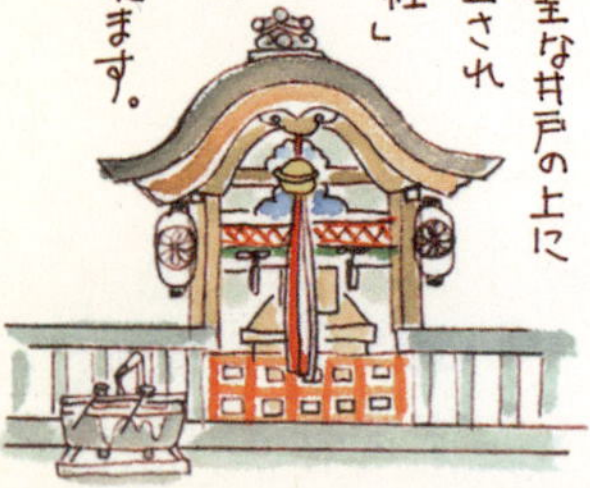

疫病
災厄除け
の神様

みたらし祭

土用の丑《うし》の日 御手洗池で
行われる足つけ神事。

子供のころは
あまりに身近な
お祭りすぎて
何も考えてなかったけど
幻想的で美しいお祭りです
神聖なお水に足をつけると
無病息災で過ごせる
そうなので おすすめです。

楼門《ろうもん》
東西の回廊と
合わせて
国の重要文化財

あざやかな朱色の
楼門をぬけて
南へ

相《あい》生《おい》社

縁結びの神
神皇産霊神《かむむすびのかみ》が
お祀り
されています。

連理《れんり》の賢木《さかき》
二本の木が
途中から
一本になっている
ご神木。

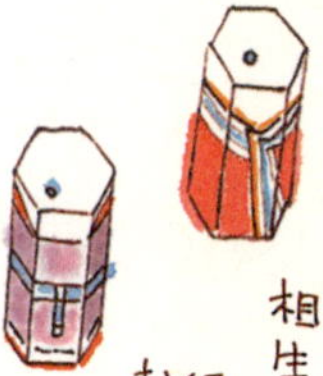

相生社の
縁結びの
おみくじ
女性用
と
男性用が
あるので
おまちがえなくね。

十二単形(女性用)
束帯形(男性用)
のおみくじは
色も美しいです。

糺《ただす》の森
神社周辺に
太古の昔から残る原生林。
奈良の小川の横に船形の手水舎
よく遊んだなァ
糺の森には奈良の小川に泉川瀬見の小川が流れていてマイナスイオンたっぷり
8月に糺の森の馬場で催される「古本まつり」は緑がいっぱいの森の中での本さがし。
首にタオルリュックに長ズボンがおすすめスタイル
古本まつり

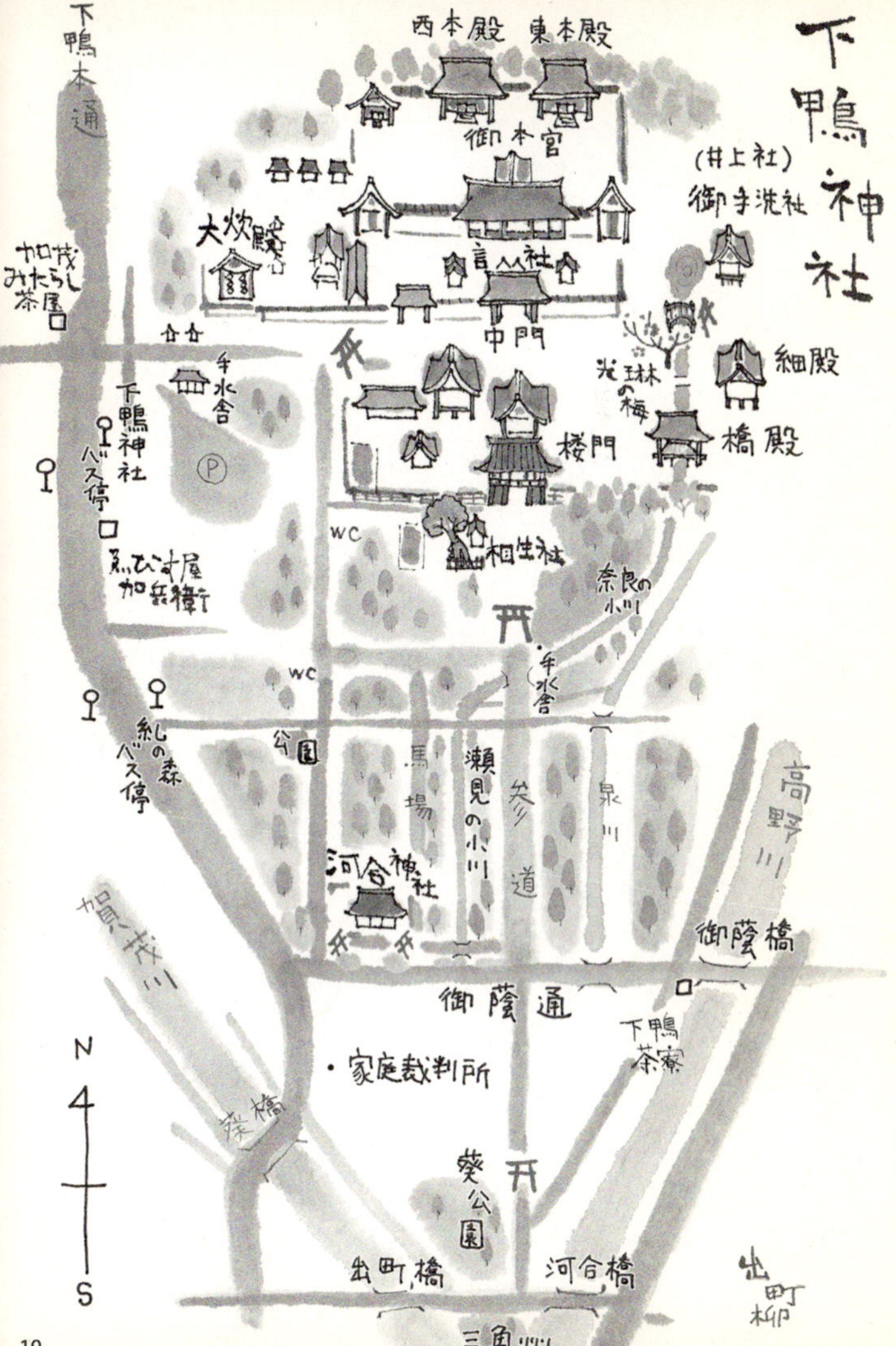
下鴨神社
西本殿
東本殿
御本宮
(井上社)
御手洗社
大炊殿
言社
中門
細殿
光琳の梅
橋殿
楼門
相生社
奈良の小川
手水舎
下鴨本通
加茂みたらし茶屋
下鴨神社バス停
ゑびす屋加兵衛
WC
WC
手水舎
糺の森バス停
公園
馬場
瀬見の小川
参道
泉川
高野川
河合神社
賀茂川
御蔭橋
御蔭通
下鴨茶寮
家庭裁判所
葵橋
葵公園
出町橋
河合橋
出町柳
三角州
N
S

河《か》合《わい》神社

参道南西にある
小さな式内社。

ここの
ひっそりした
感じが
好き

祭神は
玉依姫命
(神武天皇の
御母神)で
女性の
守護神として
信仰されているので
私も一年に一回は
必ず訪れます。

鴨《かもの》長《ちょう》明《めい》

「方丈記」の著者
鴨長明は河合神社の
神官の家の生まれ

簡素な
「栖《すみか》」に
深さを
感じます

方丈
長明が「方丈記」を
執筆したとされる
方丈を、
資料にもとづき
復元されています。

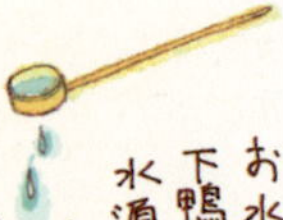

境内の
お水は
下鴨神社内の
水源とは
ちがうそうですが
とても
おいしいお水です

御蔭通や
鴨川三角州で
東に如意ヶ岳の
大文字が見えます
送り火もいいけれど
新緑に
白い大文字も
美しくて好きです。

鴨川三角州

賀茂川と高野川が
合流して
鴨川になる所に
三角州があります
いっぺんに視界が
ひろがり
北山や比叡山、
東山を借景に
おだやかな河辺で
一息ついて
時間があれば
出町散策に
出るもよし。

下鴨神社南の鳥居からもうちょっと南へテクテク

下鴨周辺のおいしいもの

美玉屋

とろぷるの
黒みつだれに
たっぷりのきな粉
それがからんだ
黒みつだんご

9時30分〜19時
火曜・年末年始休み

10本入り
914えん

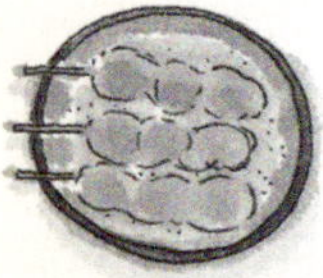

ぜいたくにかかった
葛の黒みつと
きな粉で
おだんごが見えない

宝泉

10時〜17時
水曜休み

宝泉堂という
あずき処さんが
ひらいた甘味処。
住宅街の中に
ぽつんとあるので
隠れ家的存在。
大切な人と
訪れたい場所です。

私の
おきにいり
840えん

注文してから
作られる
わらび餅は
見た目も
美しい上に
とても美味。

季節の
生菓子や抹茶
メニューが
いろいろ
ありますよ

玄関の所で
おみやげも買えますよ。
私の好きなものを紹介
黒大寿は
丹波の黒豆を
ゆっくりたきあげて
かわかしたもの
ほのかな甘さに
ついつい手が
出ます

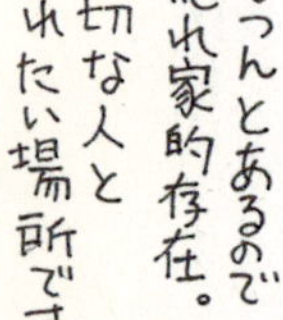

130g 630えん
100g 525えん

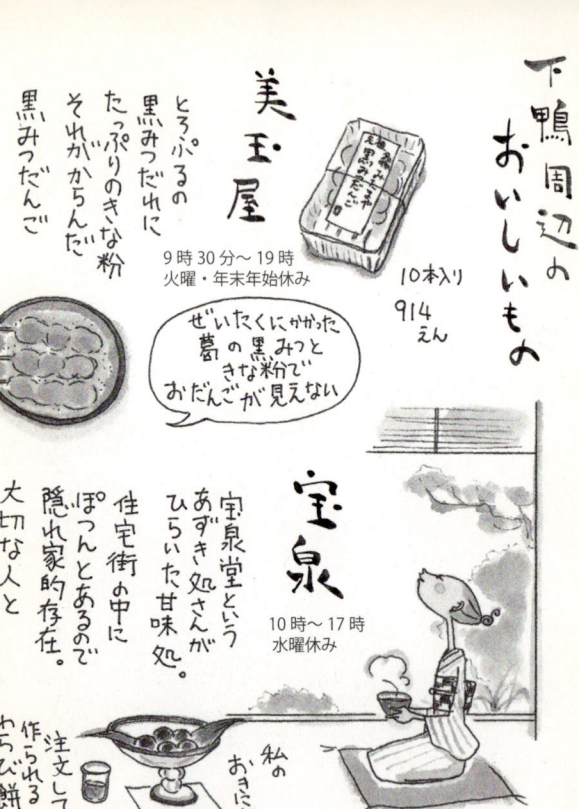

京菓子司

ゑびす屋加兵衛

神社前店

9時30分～19時
火曜休み

ここの矢来《やき》餅《もち》は
もっちり
甘さもほどよく
翌日でも
もっちりしているので
よくおつかいものに
させてもらっています
ときどき限定で
よもぎバージョンが
あるので
表の貼り紙に
注意しています

下鴨茶《さ》寮《りょう》

平安朝のころから
代々下鴨神社の
包丁人をつとめられてきた
茶懐石と京懐石のお店。

お昼の松花堂や
お弁当で
美しいお料理に
少し贅沢な気分を
満喫。

京重ね弁当 4,200 円から

11 時～ 20 時 30 分（ＬＯ）
昼食 11 時～ 16 時、木曜休み

 ●エリアマップはP244●

京の奥のほそみち

細い道が好きです。路地裏、袋小路、どんつき、抜け道、辻子。昔ながらの町並みに残る細い路地はなぜか心を引きつけます。道路ができてから家が建つのではなく、まず生活があって、そこから必然的にできあがったような道。

でも昔なじみの路地もだんだん整備されて、きれいなアスファルトの道になっていきます。だから新規開拓です。西陣などの町家が多く残る地域だけでなく、よ〜く知っている道の一本裏にお宝がひそんでいることもあるのです。

どこであれ素敵な道を見つけると、なにか物語の中にいるような気分になります。絵を描くので、その道のある景色からいろんなことを思い描くのかもしれません。とにかくそんな小道に出会うと、もう行ってみるしかありません。目的なんかないのです。とにかくどうなっているのか知らなくてはならないのです。わくわく探検隊です。

　人ひとりがやっと通れるような道を、塀や土壁にそって進みます。猫に挨拶しながら歩いていくと、ときどき思わぬ出会いもあります。神社の裏口やお地蔵さん、小さな自然が出迎えてくれることも。路地の奥に素敵なお店を見つけることもありますよ。京の路地裏は、なつかしく、かつ秘密のにおいがするのです。

　そんな愉《たの》しみもあるというお話。

鯖寿司

京都では、
行事や
お祭りに
欠かせない
お寿司です。

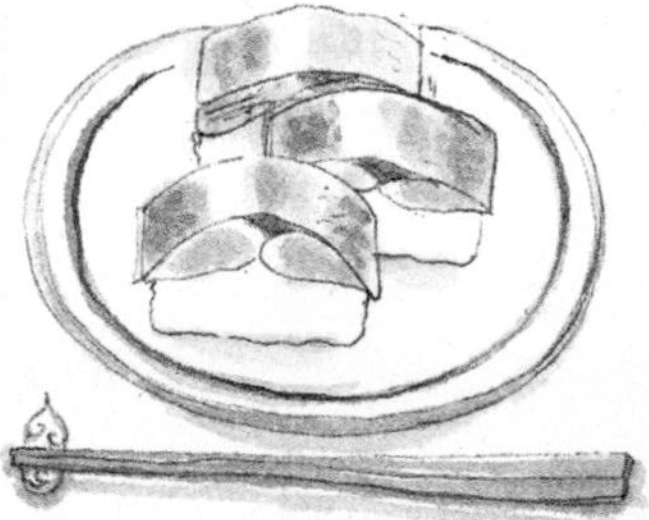

私の実家でも葵祭の日には、母の手作りの鯖《さば》寿司が必ず食卓に並びました。小さい頃の私は鯖が苦手で、酢飯ばかり食べていました。もちろん今は好きですよ。

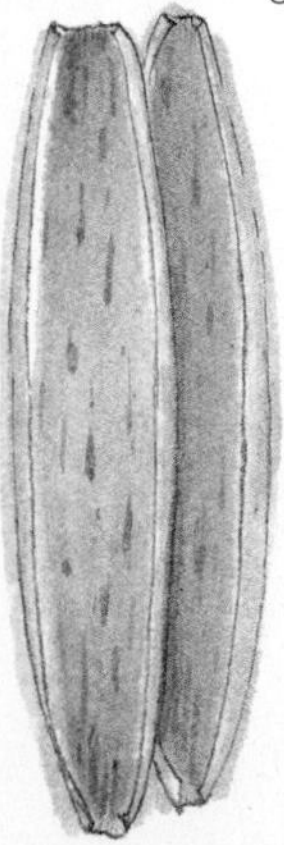

鯖寿司を包む竹の皮

家で作るのが当たり前と思っていたので初めてお店で売っているのを見た時は、お値段もふくめ驚きました。

今は母をなつかしみながら買って食べています。ちゃんと作り方を習っておけばよかったなァ……。

花折

鯖ずし

新鮮な
真さばは
脂がのり肉厚
とにかく
素材に
こだわった
京鯖ずしは
納得の味

店内でいただける
おすいものと小鉢がついて 1785えん

京鯖ずし
4830えん

9時～18時（食事は16時まで）元日休み

水と人の交差点

でまち

糺《ただす》の森《もり》を南へ少し下がると、高野川と賀茂川が合流し三角州を形成する場所に出ます。ここは皆の憩《いこ》いの場所になっていて、川には千鳥や亀の形をした飛び石が置かれ、夏に子供たちが遊ぶ姿はちょっとした風物詩です。昔の人々もこの三角州で芸能興行などを催《もよお》し、何やら賑《にぎ》やかにやっていたようです。

対岸の河川敷《かせんしき》は風の吹き抜ける見晴らしのよい公園で、古いポンプの横にあるベンチが私のお気に入りです。春先には河川沿いに立ち並んだ桜が美しく、辺りを桜色に染めてゆきます。そういえば、昔までこの川で友禅の反物《たんもの》を洗ってはった頃は川も朱色に染まっていました。

出町柳

出町橋を西に渡ると出町の繁華街です。メインの枡形《ますがた》商店街は、この辺りで唯一、懐《なつ》かしい雰囲気を残す商店街です。出町は洛中より少し出たところにあったのでこの名になったとか。ここは鯖街道《さばかいどう》の終着点で大原口とも言われ、昔からいろんな物が集まり栄えたそうです。

昔から出町に出ると必ず買って帰るのは、ふたばさんの〝まめもち〟です。絶妙な甘さと塩加減は変わらない懐かしい味。いつも行列ができていますが、通りかかるとつい並んでしまいます。

商店街をぬけ、今出川《いまでがわ》通から御所《ごしょ》の東沿いに細い道を下がると、木々の間を通る砂利《じゃり》道に出ます。そこをじゃりじゃり

＊鯖街道は都から大原を経由して日本海を結ぶ行商の道

入っていくと左手に梨木《なしのき》神社、〝染井《そめい》の井戸〟があります。

私がいつも水筒片手におじゃまする、この井戸の水は、京都三名水と呼ばれたうちの一つ。今残っているのはここだけだそうで、その名に違《たが》わぬおいしい水を求め、人がひっきりなしにやって来ます。京都には名水と謳《うた》われる井戸が多く、今もその味を生かしたお豆腐屋さんや料亭がたくさんあるんですよ。

さて、おいしいお菓子とお水を手に入れたら、お茶に縁の深い、臨済宗の総本山相国寺《しょうこくじ》へ。私の好きな狐《きつね》さんを訪ねます。昔、この寺に住む古狐《ふるぎつね》があこがれの茶人、宗旦《そうたん》に化けては、茶会で茶をふるまっていたそうです。その見事なお手前に誰も偽者と気づかなかったとか。

狐は宗旦狐の名で親しまれ、今も宗旦稲荷としてお祀《まつ》りされています。

また境内にはこのほかに承《じょう》天閣《てんかく》美術館があり伊藤若冲《じゃくちゅう》の作品や茶器等、寺所蔵の美術品を鑑賞できます。

時間があれば、目と鼻の先の御所の探索も、楽しいです。森の中の図書館、神社や井戸巡り、広いのでじっくり見ると日が暮れてしまいますが……。

縁がわで
「りぼん」を
読みながら
豆もちを
ほおばる
のが
好きだった。

出町の水辺

時間のたっぷりある日は
下鴨神社から出町散策へ

鴨川の河川敷を
のんびり歩いたり、
ゆっくり座って読書したり、
出町ふたば さんの
豆餅を
ちょっと ほおばったり
みんなの
憩いの場所です。

出町 妙音弁財天

技芸上達
福徳円満のご利益を
もたらしてくれる
弁天様。

ご本尊の
青龍妙音辮財天を
祀る六角堂の
まわりを
歳の数だけ
回ると
願いが叶うそうですヨ。

● エリアマップは P245 ●

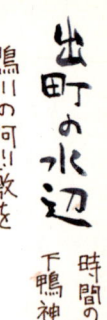

妙音弁財天の西

千《ち》代《よ》倉《くら》

千代倉のおいなりさんが好き。
おうどんやおそばに
組みあわせても、一つからでも、
注文できます。
おいなりさんの中味は
夏(6〜9月)には白ごま
それ以外の涼しい時は
ゴボウで甘口です。
鯖寿司だって一切れから
気軽に いただけるのがウレシイ。

おいなりさん
1コ 110えん

鯖寿司
1切れ 230えん

11時〜18時
火曜・第2水曜休み

出町ふたば

ガラスケースの中には
季節のものを含めて
たくさんのお菓子が
並んでいます。
その中でも
おすすめは「豆餅」
ほどよい甘さのこしあんと
ほんのり塩のきいた
赤えんどうが入った もちもち餅皮。

いつも
人が並んで
いるので
すぐに
わかるヨ。

8時30分〜17時30分
火曜・第4水曜休み
(祝日の場合は翌日休み)

並んでるな〜

豆もち
1コ 160えん

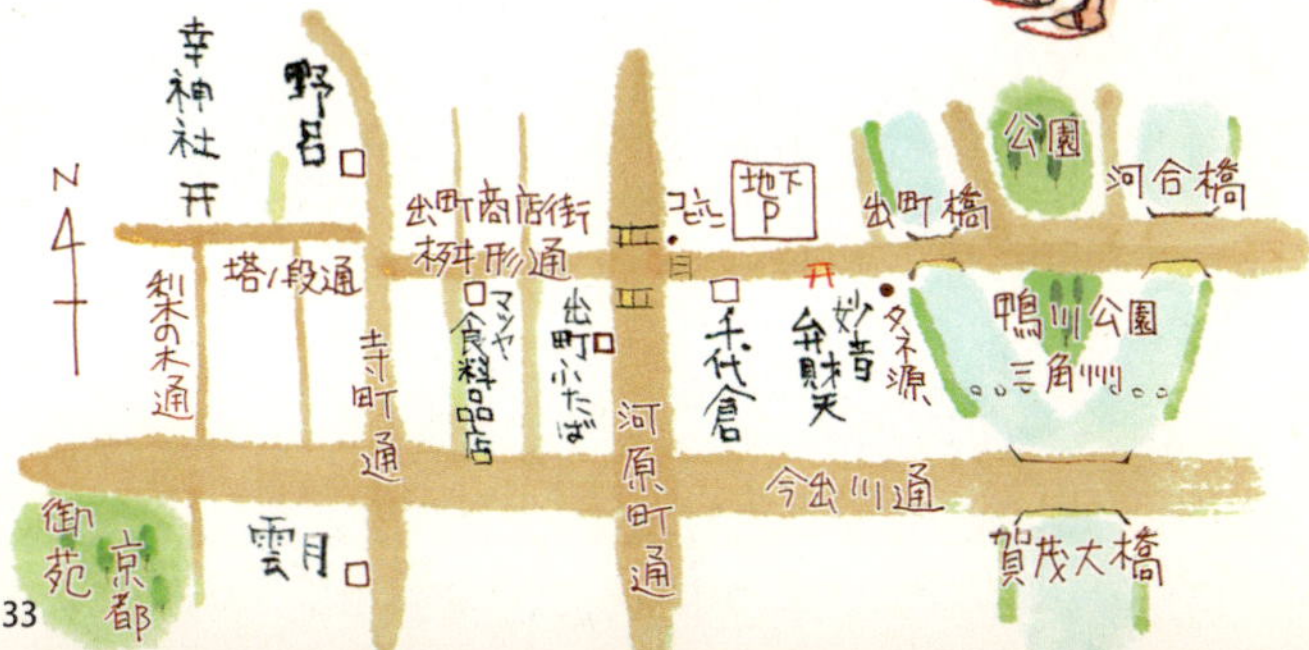

桝形通《ますがた》
出町の商店街を西へ

マツヤ食料品店

商店街の中
満月（阿闍梨餅本舗）の
「阿闍梨餅」が買えます。

あじゃりもち
1コ105えん

9時～19時
火曜休み

阿闍梨さまの
網代笠を形どったもの。
丹波大納言小豆のつぶあんを
包み焼いた半生菓子。
しっとりした生地に
私はとりこになっています。

野《の》呂《ろ》本店

寺町通西側

地元の野菜で
添加物を
いっさい使用せずに
つくられた
塩分ひかえめな
お漬物です。

9時～18時
正月3日間休み

寺町通東側に立つ
道標を目印に
西へ折れて
塔ノ段道に
入ると

幸《さいの》神《かみの》社《やしろ》

があります。

猿田彦大神を祀る神社。
縁をとりもち導く神様
ひっそりとしていますが
平安の昔から
御所の鬼門を守る
大切な神社の一つ
本殿の北東角の
お猿さんは御所の
猿ヶ辻のお猿さんと双子。

猿田彦の
御神石

少し暗いので
目をこらして
見てね

狂言の
「神石」にも
出てくる
御神石。

決して
さわっては
ダメと
聞きました。

北店 雲《うん》月《げつ》

周山街道の玄琢にある
料亭の姉妹店。
京町家の格子戸を開けると
相国寺のご住職さんが
描かれた屏風が
出迎えてくれます。

12時～14時
18時～20時
不定休

お昼のセットが
とっても
気に入って
ます

穴子のおろし天丼と
上賀茂野菜の
けんちん汁
1200えん

デザートの
わらび餅も
おいしいですよ。

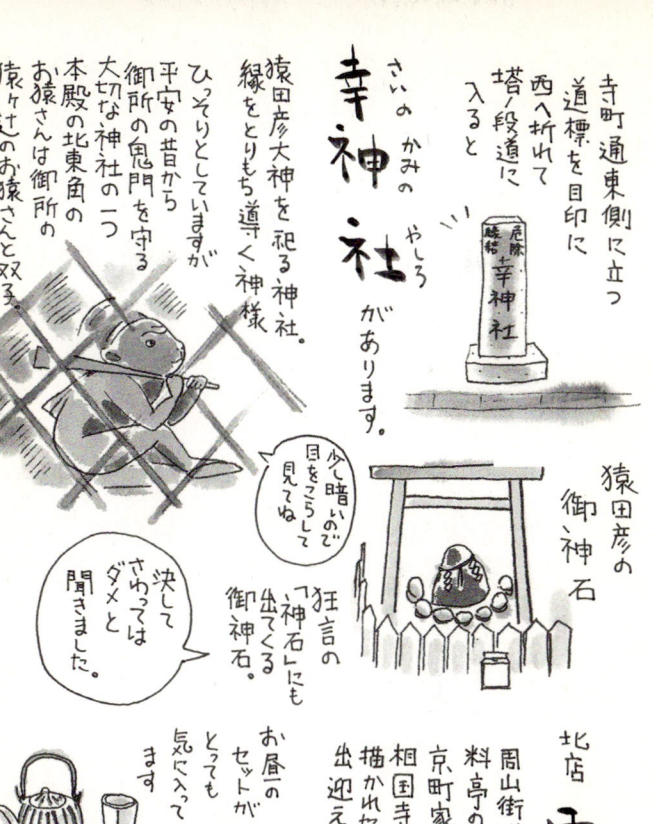

京都御苑の東側

梨木神社《なしのきじんじゃ》

明治18年に建てられた
比較的新しい神社。
明治維新に功績のあった
三条実萬《さねつむ》(父)
三条実美《さねとみ》(息子)
父子が祀られている

実萬さんは菅原道真公の
生まれかわりといわれ
当時の人から「今天神様」と
称せられていました。
実美さんは京都御所廃止案の中止を
明治天皇に進言された
京都の恩人さんなのです。
今は学問の神様として
御所のおとなりにいらっしゃいます。

神社ができる前
この地は「染殿」とも称され
宮中御用の
染所とされていました。

染《そめ》井《い》の井戸

境内(手水舎)

京都三名水のひとつ。
その水はまろやかで
おいしいので訪れる人が
たえません。

梨木神社の東向かい

盧《ろ》山《さん》寺《じ》

元三《がんざん》大師により創建。
もとは船岡山の南にあったが
応仁の乱で焼失。
その後、現在の地へ
本堂と尊牌殿は光格《こうかく》天皇が
仙洞《せんとう》御所の一部を
移されたものだそうです。

9時～16時
拝観料 400円

鬼の姿に変身した
元三大師のお姿が描かれた
「角《つの》大師の護符」は
厄除けとして
門口に貼ります。

二月三日の鬼《おに》法《ほう》楽《らく》

赤・青・黒の鬼は
人間の
貪欲・怒り・愚痴の
三毒をあらわし
節分にこの三毒を追い払い
開運を願い、新しい年を
迎える行事なのです

お節分に
行われる
「鬼法楽」は
通称「鬼おどり」
とも言われ
とても有名。

この日、行われる
体の悪い所を剣で
ついてもらう「鬼のお加持」も
ユニークですよ。

昔、「平安京、東郊の中河の地」
すなわち、盧山寺のある地に、
紫式部の邸宅があり
彼女はここで生まれ
結婚生活をし、執筆をし、
一人娘を産み59歳ほどで
死去されたそうです。
源氏物語の花散里の屋敷も
このあたりであったと
言われています。

源氏の庭の桔梗は
6～9月にかけて花を咲かせます。

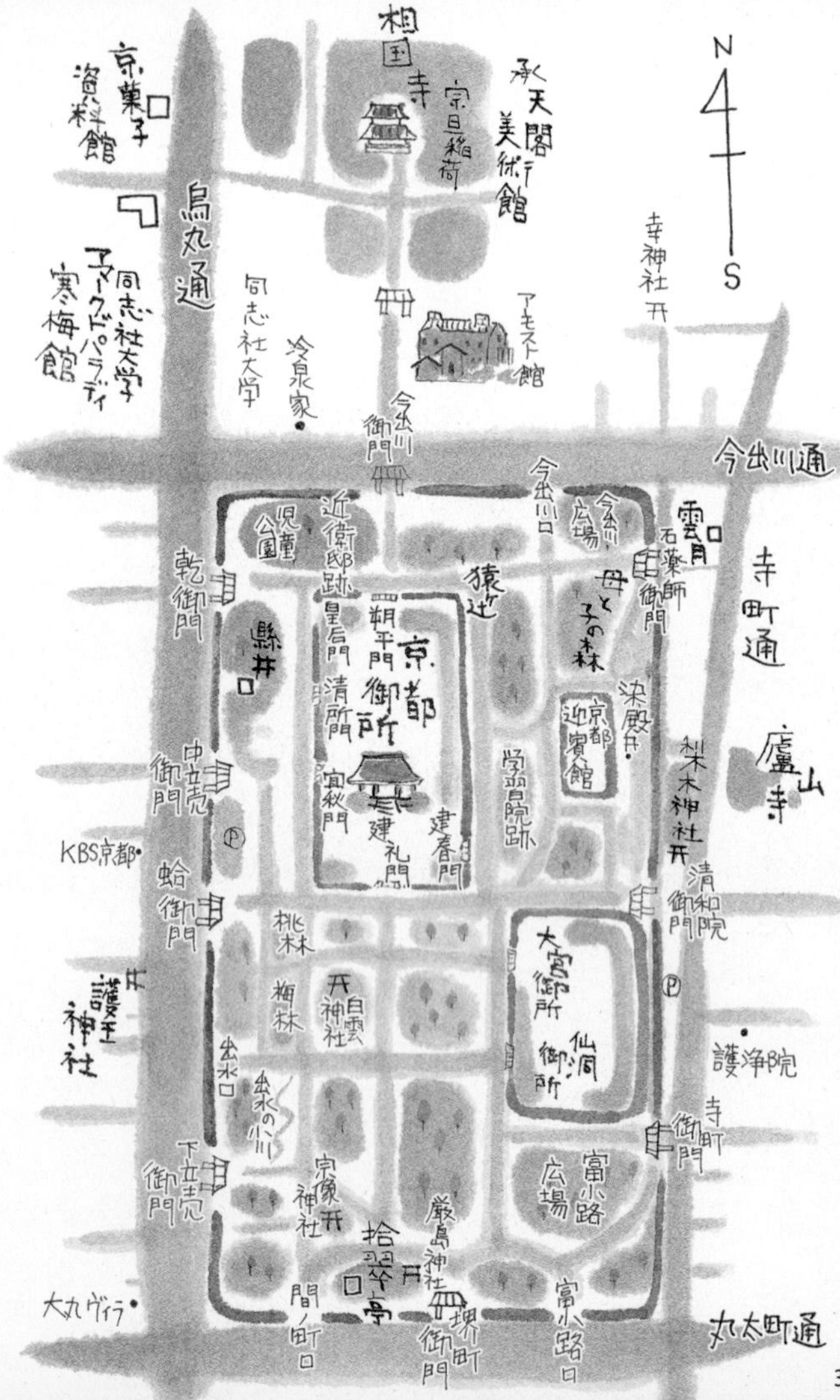
N
S
相国寺
宗旦稲荷
承天閣美術館
京菓子資料館
烏丸通
同志社大学
アマークドパラディ
寒梅館
同志社大学
冷泉家
アーモスト館
幸神社
今出川御門
今出川通
今出川口
今出川広場
雲月
石薬師御門
寺町通
児童公園
近衛邸跡
乾御門
猿ヶ辻
母と子の森
朔平門
皇后門
京都御所
縣井
清所門
京都迎賓館
染殿井
梨木神社
廬山寺
学習院跡
中立売御門
宜秋門
建礼門
建春門
KBS京都
清和院御門
蛤御門
桃林
大宮御所
梅林
白雲神社
仙洞御所
護王神社
出水口
出水の小川
護浄院
寺町御門
下立売御門
宗像神社
富小路広場
厳島神社
拾翠亭
間ノ町口
堺町御門
富小路口
大丸ヴィラ
丸太町通

京都御苑《ぎょえん》

東西約700m、南北約1300mにおよぶ国民公園。

京都御所、大宮、仙洞御所、京都迎賓館などがこの中にあります。

それらを取り囲むように緑豊かな自然がたくさんあり終日開放されていて京都の人にとって親しみある日常的な場所なのです。

砂利道に自転車の往来でできた自転車道がありますサイクリングの時はそこを通るべし

京都御所

御所をとりまく土塀は「築地《ついじ》」と呼ばれ神社・仏閣にもみられ五本の白い横筋が入るのが特徴。
くぼみ

平安京の大内裏《だいだいり》に内裏があった焼亡と再建を繰り返すうちに仮の皇居としての里内裏がいくつかできた。今の御所も里内裏の一つでした。

(平安京の内裏より2キロほど東に位置しているそうです。


平安遷都から東京奠都まで1075年間の後半の500数十年は今の京都御所が皇居でした。

猿ヶ辻

御所の北東は鬼門をなくすため塀の角をくぼませてあり木彫の猿が守っています。
このお猿さん夜になるとぬけ出しイタズラをするので 金網で囲まれてしまったそうです。

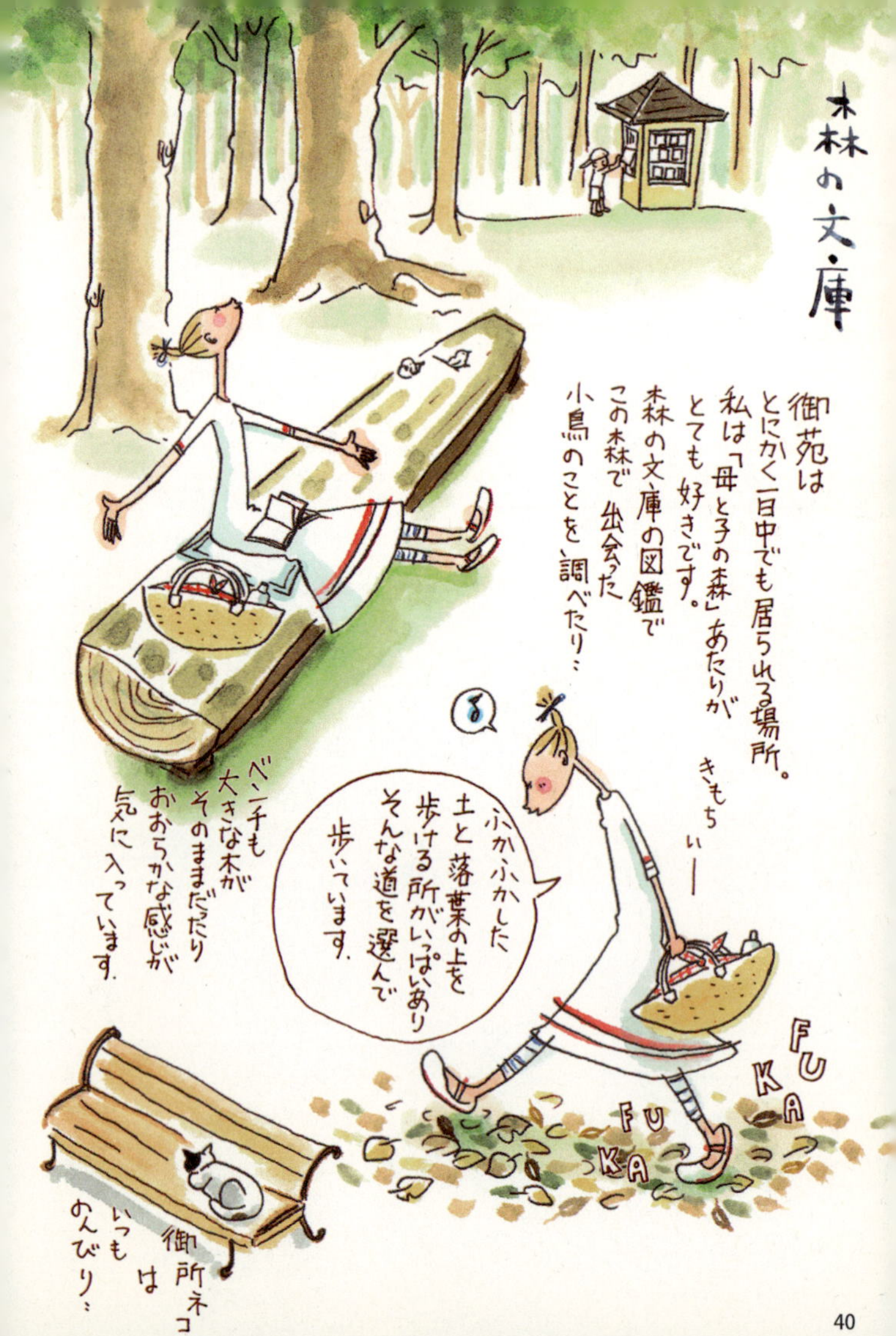
森の文庫
御苑は
とにかく一日中でも居られる場所。
私は「母と子の森」あたりが
とても好きです。
森の文庫の図鑑で
この森で出会った
小鳥のことを調べたり…
きもちぃー
ふかふかした
土と落葉の上を
歩ける所がいっぱいあり
そんな道を選んで
歩いています。
ベンチも
大きな木が
そのままだったり
おおらかな感じが
気に入っています。
FU KA
FU KA
御所ネコは
いつも
のんびり…

御苑には
春と秋の御所の
一般公開期や
梅、桃、桜の
開花とともに
たくさんの
人が訪れます。

西部休憩所に
置いてある
案内図をもらっておくと
トイレの場所などわかり
いろいろと便利ですヨ

御苑は
里桜、御車返しの桜、
山桜など多様な
桜が見られますが
私は近衛邸跡の
糸桜が好きです。

縣井《あがたい》（御苑北西）
京都三名水の一つ。
平安時代の「大和物語」
にも記されている
今は水は出ていません

3月～12月27日
金・土に100円で
参観できます。
9:30～15:30

拾翠亭《しゅうすいてい》（御苑南）
九条家の遺構
書院風数寄屋造りの茶室です
参観できることは
あまり知られていません

相《しょう》国《こく》寺《じ》

京都御苑の
今出川御門を北へ
今出川通をはさんで
さらに北へ

相国寺の南門をくぐり
石畳が続く境内へ。
通りぬけの人や
散歩の人が
ちらり ほらりで
のんびり しています。

相国寺は
室町期、
三代将軍・足利義満により建立。
当時、義満が
左大臣「相国」の地位に
あったのが名前の由来。

ちなみに
金閣寺(鹿苑寺)
銀閣寺(慈照寺)
は相国寺の
山外塔頭(末寺)
なのです。

今出川《いまでがわ》跡《あと》（鐘楼近く）

今出川通の名は
ここから御所へ向かって
南北に流れていた
この川に
由来している
そうです。

宗旦《そうたん》稲荷《いなり》（境内鐘楼北）

開運の神
として人々から
親しまれて
います

裏千家の祖
千宗旦に化けて
茶会に出たり
神通力を使って
人助けをしたりと
親しみ深い
宗旦狐が
祀られています。

承天閣《じょうてんかく》美術館

相国寺境内北東側にある美術館。
相国寺や末寺の
金閣、銀閣寺などの文化財、
美術品を収蔵。
江戸時代の画家、伊藤若冲《じゃくちゅう》は
相国寺と縁が深く
若冲筆のものも
たくさんあります。

伊藤若冲は
京都錦小路の
青物問屋の長男。
弟に家業をゆずり、
生涯絵とむきあった人

10時～17時（入館は16時半まで）
展示替え期間を除く年中無休

法《はっ》堂《とう》

相国寺では春と秋に
法堂や方丈などの
特別拝観があります。

相国寺の法堂は
日本で最古で最大。
現在の法堂は
豊臣秀頼、再建で
「無畏《むい》堂」と称し
仏殿も兼ねています。

春と秋には
「鳴き龍」に会いに行きます。
龍は仏法を護持する瑞獣《ずいじゅう》として
天井に描かれています。
相国寺の法堂の「蟠《ばん》龍図《りゅうず》」は
狩野光信筆。
いろいろなお寺の法堂の龍を観ていますが
相国寺の龍が私はなんだか好きです。

天井がドーム状に
つくられていて
特定の場所で手をたたくと
音が共鳴して龍の鳴き声が返ってくる。
その場所を探してみるのもたのしい

烏丸《からすま》今出川上ル西側
京菓子資料館

京菓子「俵屋吉富」による「京菓子資料館」日本の菓子文化の歴史などの資料を見られお勉強できます。

一階で茶道専門家が点てるお抹茶と生菓子が500円でいただけてお値うちです。

10時～17時
水曜休み

同志社大学
マークドパラディ寒梅館

黒ダブリエのギャルソン おしゃれすぎの学食 学生さんはもちろん 社会人やファミリーと さまざまな人たちが 利用しています。

日替ランチは500円でいただけます 150円プラスでドリンクが付きます ランチは食券を買います。

11時～23時、不定休

北村美術館

北村謹次郎が
半世紀をかけて収集した
茶道美術品を収蔵。
「四君子苑」とよばれる
茶苑も日を定めて公開されています。
（春と秋のみ公開）

春と秋のみ開館、10時～16時
月曜(祝日は開館)、祝日の翌日休み

みつばち

寒天も
黒みつも丁寧に
手づくりされていて
ほどよい甘さが
私は好きで
よく行きます。

おすすめ
あんず煮も
自家製
このあんずの酸味が
甘さと調和して
おいしいです。

12時～18時
日によって変更の場合あり
(売り切れ次第終了)
不定休

李青《りせい》

ユーモラスなお人形

特製コチジャンが本当に美味です

初めておじゃましたのは
柳好きの私に 李青さんの柳の木の
枝がおいでおいでをしたから。
少し暗めの店内は
とても落ちつく空間です。
重厚な李朝家具、
本棚に並んだ
韓国美術書などは
自由に閲覧できます。
メニューの韓国茶や
お菓子すべてが健康を
気づかったもので安心。

おすすめは
美山の
無農薬野菜を
たっぷり使った
ビビンバ
1000えん

11時〜18時(LO17時半)
月・火曜休み

京のおすそわけ

京都は水の都です。ピンとこないかもしれないけれど、実はそうなのです。

京都盆地の地下には、関西の水瓶、琵琶湖の水量に匹敵するほどの水脈があるのだそうです。ビックリです。この地下水は人々の営みと深くかかわり、暮らしを支え文化を育ててきたのです。神社仏閣で行われる神事には御神水と呼ばれる湧水や井戸水が欠かせませんし、茶事にかかわる名水の井も多く、おいしいお豆腐や京菓子、お料理もこれらの水なしには考えられません。

名水とは、いわれがある水のことですが、京都にはいわれはなくとも、とにか

くおいしい！　という水もたくさんあるので要チェックです。私は散歩の途中に水に出会うのも楽しみの一つなので、いつもペットボトルか水筒を持ってでかけます。ご飯を炊いたりコーヒーをいれるのに使い、なんとなくパワーをもらった気になっています。手水舎で水をくんでいる方とお話しするのも楽しく、水のいわれや、愉しみ方など、いろいろなことを教えてもらえて面白いですよ。

この京都からおすそわけしてもらうおみやげは、かくべつです。

※お水をいただける所は神聖な場所や公共の場所、また好意で開放されている場所が多いので、きちんとルールを守っていただいてくださいね。

御苑ちょこっと西

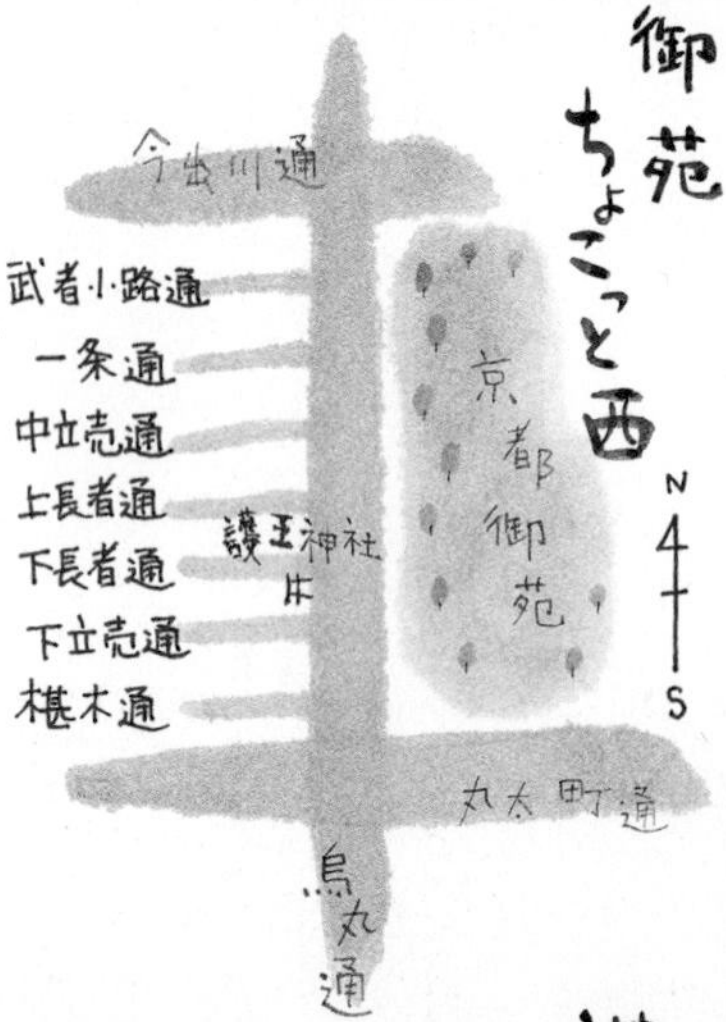

清麻呂公

護《ご》王《おう》神社

平安京造宮に力を尽くした
和気清麻呂《わけのきよまろ》（護王大明神）と
その姉、広虫《ひろむし》（子育て明神）を祀る。

清麻呂公が京より
宇佐八幡宮に向かわれた時
三百頭もの猪があらわれ、
道案内をし、守った。
その時、清麻呂公が悩んでおられた
足萎《あしなえ》が治ったといいます。

足腰の回復に
ご利益が
あると
いわれています。

神様の楽しむ山

よしだ ひゃくまんべん

　京都大学正門前のバス停から時計台の方へ学生さんたちに混ざって歩きます。正面に見えてくる吉田神社の鳥居をくぐると、今日のお散歩エリア吉田山です。
　ゆるやかな石段でできた参道に入ると、立ち並ぶ杉の木々が音と光を遮《さえぎ》り、かつて神楽岡《かぐらおか》と呼ばれたお山の神聖さと静寂を守っているようです。
　吉田神社さんには、昔とってもお世話になりました。家に人を招いて昔のような結婚式を挙げようとした私たちを助けてくださったのが、こちらの神社だったのです。当日は狭い部屋に祭壇をくみ、神様と神主さん、巫女《みこ》さんにわざわざご出張いただきました。とてもあたたかい

追儺式
方相氏の

式となり、今もありがたい気持ちでいっぱいです。ですから吉田山を散策する時は、なるべく神様にご挨拶してから登るようにしています。

さて、お参りが済んだら山の散策です。山といっても、昔は丘と呼ばれていたくらいですから気負わなくて大丈夫です。

このあたりは紅葉で有名な真如堂《しんにょどう》や黒《くろ》谷《だに》さん他、大小さまざまな社寺が隣接し、知らなかったらうっかり素通りするような史跡もあり、見どころもいっぱいです。一つ一つ丁寧に巡って歴史に思いをはせるもよし、真如堂や黒谷さんなど開放的なお寺の軒下をかりて一日ぼんやり過ごすのもよしです。

私がいつも思うこのエリアの魅力は、寺社、史跡、また、それらをつなぐ路地がそこにあるべくしてあるように感じられることです。季節や時間により、なぜか懐かしく感じる風景があちこちにあらわれ、訪れるたびに新鮮な発見があります。四季を通じて美しい景色が楽しめ、まさにお散歩にうってつけ。山頂には山の自然を満喫できるような喫茶店もあり、窓から見える大文字山を眺めながらコーヒーをいただくのもお勧めです。

山頂を北に降りて今出川通を東へ行くと銀閣寺・哲学の道。西へ行くと百万遍《ひゃくまんべん》の交差点で、喫茶や食べ物屋さん、古本屋さんなどが軒を連ね、学生さんの町として賑《にぎ》わっています。この辺りのお店か京大の学食でランチを食べて、古本屋さんで本をあさるのも好きです。

京大の北向かいにある知恩寺《ちおんじ》というお寺では、毎月十五日に大きな念珠《ねんじゅ》を使って疫病《えきびょう》退散を願う「念珠繰《ぐ》り」が行われ、誰でも参加できます。また、同じ日に境内では大人気の「手づくり市」が開かれます。焼き物や、革製品、雑貨、パンなど、手作りなら何でもオッケーで、多くの作家さんが出店し注目を集めています。作り手さんとの会話も楽しく、元気がでる市《いち》。要チェックです。

水無月吉日
吉田山の神さま下の街までご出張。

京都大学
正門
時計台
校内を北にぬけると今出川通への近道。
ラ・トゥールでランチ。お洒落なフレンチだけど価格はお手ごろで気楽。
時計台記念館内
ランチコース1575円から、他945円の軽食など
時計台に記念撮影しにくる人も多いよ
まず石段前の手水舎で身を清めて
吉田神社
表参道
境内に続く石段は杉の木をキズつけないよう石組みされていて優しさを感じます。
ここは神域 神楽岡《かぐらおか》(吉田山)の入口です

11時〜22時(LO21時)ランチ11時〜14時30分
年末年始休み

吉田神社

厄除け
開運

平安期
都の鬼門守護のために創建。
都を災いから守るということから
家族や個人の厄除け信仰が生まれました。

七転八起の
姫だるまみくじは
小さくてかわいい。
300えん

まずは本社にお参りを

本社に祀られている四柱の一つ比売神《ひめがみ》は
・女性守護の信仰があるそうです。

東へ石段をあがると

お菓子の神さん

菓《か》祖《そ》神社

田道間守命《たじまもりのみこと》によって
海の向こうからもたらされた
「橘の実」が
お菓子のはじめとされ
田道間守を
お菓子の神として
祀っている。

お菓子好きなので
なんだか
気になります

吉田山山頂へ

本宮南の登り坂を行くと
藤原山蔭を祀った
「山蔭《やまかげ》神社」が
あります。

山蔭は
吉田神社の
創建者でまた、
包丁の神。料理、
飲食の祖神として
祀られています。

もう少し登ると
大元宮があります。

斎場所
大《だい》元《げん》宮《ぐう》

全国の式内《しきない》神3132座が
お祀りされて
ここをお参りすれば
全国の神祇《じんぎ》に参詣したのと
同じご利益があるとされています。
それってスゴイですね

社殿の形体
八角の本殿に
六角の後房を
配するは
吉田神道
オリジナル

大元宮
吉田神社

本宮
社務所にて
大元宮
絵馬
600えん

八百《やお》萬神《よろずのかみ》さま

節分の時
厄をおとして福を
さずかる「厄塚」に
さわってお参りをする

毎月一日、
お正月三日間
お節分の時に
内部参拝できます。

大元宮を出て左へ。
鳥居をくぐると
竹中稲荷社と
宗忠神社が
向かいあうようにあります。
坂を見おろし
東を見れば
真如堂の本堂や塔の
屋根が空中に
浮かんでいるように見えます。

竹中稲荷社 ←
真如堂↓
→ 宗忠神社
きれーーっ

竹中稲荷社

竹中稲荷社

朱色の鳥居に
導かれ奥へ行くと
稲荷社が
あります。

吉田神社の末社で
古記には「在原業平の
居を神楽岡稲荷神社の
傍に卜《ぼく》す云々」とあり
歴史はかなり古そうです。

菅原道真が
この社に参った時
金色の狐を見て
から出世した
なんていう話も
聞きました。
本当?!

稲荷社の裏の奥に
小さな石が
置かれただけの
業平塚があります。

業平塚

竹中稲荷社をぬけ
山頂の
カフェ
茂庵へ

しばし森林浴をたのしんで…

茂《も》庵《あん》

山頂に至ると突然木造家屋があらわれます。緑の中、ゆったりと時間の流れるカフェ茂庵です。

建物は大正時代の茶人、谷川茂次郎が「市中の山居」とし築いたもの。靴をぬいで二階にあがれば京都市街や妙法以外の五山も見わたせます。

お昼に到着すればピタパンサンドや月がわりのランチもいただけます。

ケーキセット 920えん
飲みものはコーヒー・紅茶
柚子ジュースの中からチョイスでき
180えんプラスでアイスも付けられます!

私は柚子のホットが好きです。

11時30分〜18時(LO 17時)
ランチ 11時30分〜14時
月曜休み(祝日の場合は翌日休み)

思いついたら 宗忠神社、真如堂へと足をのばします。

宗忠《むねただ》神社

祀られている黒住宗忠は不思議な力で人々を救済したといわれ後に、人でありながら神様の位（大明神）をもらった人です。

参道の石段は春には美しい桜並木。とっても絵になります。

吉田山から
紫雲《しうん》山(黒谷)を結ぶ
中山には
小さなお寺や名所旧跡が
点々とあり
歩くたびに
発見があります。

東北院

和泉式部
ゆかりのお寺。
春には
謡曲「東北」で
知られる
「軒端《のきば》の梅」が
美しい花を咲かせます。

東北院の白梅、
宗忠神社の
桜につつじ、
真如堂の
新緑に紅葉、
迎称寺《こうしょうじ》の萩の花。
訪れるたびに
心いやされる
花の隠れた名所。

迎称《こうしょう》寺《じ》

このお寺は
洛東九番
萩の霊場として
知られています。
小さなお寺で
（拝観は
できないようですが）
朽ちかけた土塀と萩の花は
儚《はかな》くて美しいです。
今にも崩れそうな土塀の前に立つと
なんともいえない気持ちになり
「いつまでもこのまま残ってほしいなぁ」と
訪れるたびに思います。

法《ほう》伝《でん》寺《じ》

真如堂山門前
左手に
「吒枳尼天《だきにてん》」と
石に刻まれています
日本最初の
稲荷大明神と
いう説もあります。

本尊の吒枳尼尊天は
弘法大師の御真作ともいわれています。

お堂の後ろに
吒枳尼天のおつかいの
狐が出入りできる
所があるのが
また不思議。

真《しん》如《にょ》堂《どう》

風雨にさらされ
やさしい朱の色に
なった真如堂の
山門は
いつも開かれており
訪れる人を
懐深く
むかえてくれる
祈りのお寺
なのです。

正式には「真正極楽寺」。
山門をくぐれば どっしりとした
本堂（真如堂）が見えます。
ご本尊は「うなずき弥陀」と
呼ばれる阿弥陀如来。
慈覚大師円仁が霊木で
彫った如来に「一切の衆生を
導きたまえ、中でも
女人を救いたまえ」と祈ると
三度うなずいたのだとか…。
以来、女性往生のご利益が
あるとされ、日野富子、桂昌院
などの歴史上の女性の帰依も多い。

9時〜16時
拝観料500円

鎌倉地蔵

（殺生石）

境内三重の塔の手前

「そんな殺生な」
と思う
無実の罪を
救ってくれる
お地蔵さん

堂内を拝観すれば
比叡山、東山を借景にした
「涅槃の庭」が見られます。
釈迦がガンジス川で涅槃に入った姿を石組みで表現した枯山水のお庭。
真如堂境内の
三重の塔は
なんだか
心おちつく塔
夕刻に
ここを通ると
また一段と
美しいです。
古代中国や
インドを滅ぼし
日本も乗っ取ろうと
やってきた妖怪
白面金毛九尾
の狐。
正体を見やぶられ
東へのがれたが
武士に退治され
石と化す。
石はまわりのものを殺す
殺生石となるが
源《げん》(玄)翁《のう》和尚に
斫杖《きりづえ》で三つに割られ
その一つが鎌倉地蔵となった。
「かなづち」を「げんのう」というのはこの伝説から

真如堂

宝物虫払会《むしばらいえ》

七月二十五日
（一日限り）

七月に行われる
虫干しが大好き。
開け放たれた本堂に宝物が並び
通りぬける風にゆらりゆらりと
ゆれる掛軸が気持ちよさげです
丁寧に説明もしていただけるし
何よりもこの開放感が
好きで足を運びます
雨が降るとその年の
虫干しは中止
一日限りなので毎年お天気に
なるよう祈っています。

真如堂は
安倍晴明とも
ゆかりが深い。
晴明がえんま様から
さずかった五芒星の
印鑑が残っています。
極楽への通行手形の
ようなものです。

暑気払いに
いいですよ

印があると
まちがいなく
極楽へ行けます

真如堂から黒谷さんへ

真如堂の山門を出て
南に行くと
黒谷さんの北門があります。
門をくぐって風情のある道を
進むとすぐに本堂ですが、
私はいつも少し遠まわりをします
門をくぐらず左に行くと
道しるべがあるのでそこを
右に折れ、正面に見える
文殊の塔をめざします。

墓地の中を歩くのですが
京の街を見わたせ
眺めがよく
とてもすがすがしい、
ルートです

紫雲山

金戒《こんかい》光《こう》明《みょう》寺《じ》

法然上人が比叡山の黒谷を
降り草庵を結んだのを起こりとする。

広くて大きなお寺。
通りぬけするつもりが
ついゆっくり
してしまいます。

文殊の塔

文殊の塔に至るまで
会津藩墓地や
紫雲石のある西雲院などの
見どころもあります。

このあと
どこへ
行こう
かな
ほっこり

お堂の階段で
一休みしていると
近くの幼稚園児や
鳥の声が安らぎを
はこんでくれます。

ここも観光寺ではないので
とても静かな所です
味わい深い山門も
あります。

節分の一日

節分を迎えると京都のあちこちの神社仏閣でいろいろな節分行事が行われます。千本《せんぼん》釈迦《しゃか》堂《どう》や北《きた》野《の》天満宮《てんまんぐう》、八坂さんに廬《ろ》山《ざん》寺《じ》など数えあげれば切りがなく、またどれも魅力的です。そこで、ここでは私の慣れ親しんだお節分、散歩しながら京都の節分を満喫するコースをご紹介します。

それは東山丸《まる》太町《たまち》の交差点にある熊野《くまの》神社、聖《しょう》護院《ごいん》あたりを出発して先程ご紹介した吉田山へ向かう道のりです。このあたりへはよく行きますが節分の日はいつもとまったく違います。普段は静かなお寺や神社もお飾りをつけ、明かりが灯《とも》り、とってもにぎやか。お茶やお菓子、甘酒などがふるまわれる所もあり、とても楽しみです。ですから寒さに弱い私ですが、雪が降ってもいそいそと出かけたりします。

●熊野神社、聖護院、須賀神社はP246を参照●

まず熊野神社にお参りし、ふるまわれるお茶とお菓子をいただきます。次に聖護院で境内の梅を横目に山伏さんにお祓《はら》いをしてもらいます。それから須賀神社で独特の出立《いでた》ちの懸想文《けそうぶみ》売りの人から、お守りをいただき、黒谷さん（金戒光明寺）へ。山からの雪景色を楽しみながら文殊の塔、会津藩墓地を通って真如堂、さらに宗忠《むねただ》神社へ。ハァハァ。意外とあっというまです。

そして五時から五時半頃に竹中稲荷へ着くのがポイント。この時刻、方相氏《ほうそうし》という四つ目の正義の神様がかわいらしい振子や舎人《とねり》を従え、追儺式《ついなしき》「鬼やらい」を行うため吉田神社に向けて出発するのが見られます。神様を身近で拝見できて幸せ。大声をあげる鬼の後について吉田神社をお参りしたら、帰りに、この季節に欠かせない濁り酒「ふじちとせ」と豆を買って帰ります。

ちょっと欲張りですが、これで一年、安心安心。

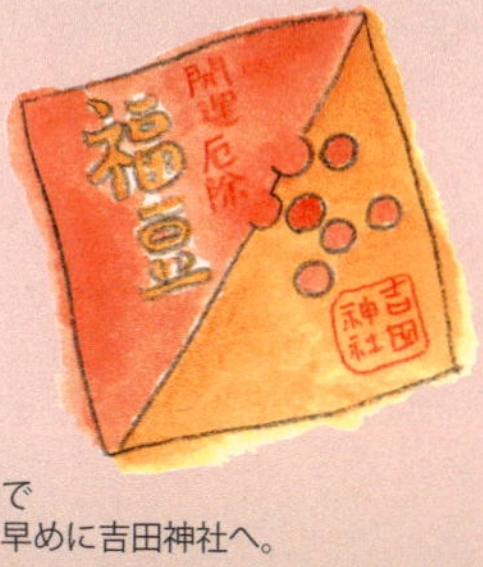

※当日の吉田神社は大変な人手になりますので
追儺式の様子をしっかり見ようと思ったら早めに吉田神社へ。

寒い二月は
あったかグッズを
わすれずに……

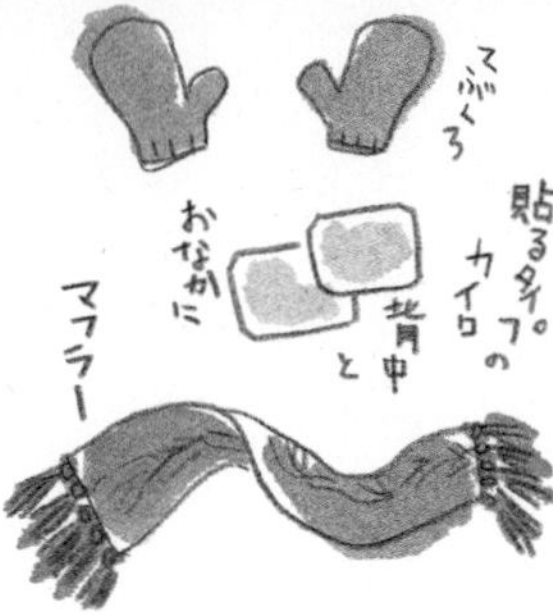

熊野神社では、参拝者に
お菓子とお茶がふるまわれるので
炭火に当たりながらいただきます。

聖護院のとなり、
河道屋さんで年越しそば。
節分の間は吉田神社にも
そばの出店ができます。

一見鬼のように見える
方相氏は四つ目の神様。
かっこいいです。
（竹中稲荷・吉田神社）

懸想文売りは貴族のアルバイトだったので顔を布で隠しています。もらったお守りはこっそりしまっておくと福を呼ぶのです。
（須賀神社）

「ふじちとせ」
吉田さんの神事にかかせないとにかくおいしい地酒です。度数が高いのに飲みやすいので注意が必要です。

雨ニモマケズ風ニモマケズ

「これ、送り火のから消しやね。この家は長刀鉾《なぎなたぼこ》の粽《ちまき》や。こっちは鍾馗《しょうき》様」

京の町を歩く時、民家の戸口や軒下をちらちら見るのも楽しいです。お札に描かれた絵や紋章、藁《わら》でできた飾りを見つけ、いろんなことを考えます。

それらは、神社や祭事でもらってきたもの。魔除けや無病息災を願って貼られたお札は風雪に耐えながら一年間その家を守ってくれます。それぞれに歴史や逸話があって、ご利益もさまざま。例えば鬼の姿が描かれたお札をよくみかけます。その昔、蔓延した疫病から民衆を救うため良源というお坊様が、禅定に入られました。鏡に自ら

の姿を写し静かに座していると、その姿は徐々に鬼の姿に変わっていったそうです。弟子によって写し取られたその姿をお札に刷らせ、各家の戸口に貼り付けると見事に病魔が退散したとか。それが今でも〝角《つの》大師〟のお札として廬山寺や真如堂など天台宗のお寺に伝わっているのです。正月の三日に亡くなられたことから元三大師と呼ばれる良源上人。時には豆のような小さな姿にも変わり、豆大師（魔滅大師）の名もあります。また、今は馴染みの深いおみくじも彼が駆使した秘術が元となっている、などなどつづく……。

　調べてみると、一枚のお札から新たな発見があったり、次の目的地が決まったり。楽しくなること請け合いです。

百萬遍 知恩寺

知恩寺は
当山八世の善阿《ぜんあ》上人が
疫病を封じるための
百万遍念仏を行じ
その効あり、
後醍醐天皇から
「百万遍」の号を
賜ったという。
毎月15日には
人気の手作り市も
催されます。
また秋には、
古本市もあり
古本供養にはじまり
本のオークションや
入札もあります。

9時〜16時

毎月15日「念珠《じゅず》繰《く》り」があります（午後一時より 自由参加）
野菜から雑貨等々いろんな手作り物に出会えますよ

進々堂

Shin Shindou

8時〜18時（LO 17時45分）
火曜休み

レンガ造りの古い建物がもつ独得の空気感が落ちつきます。
朝か少し遅めの午後に行くのが好き。

カレーライス 480えん
やさしい味でおいしいです。

ものおもふ小径

てつがくのみち

哲学の道は、明治にできたインクラインに続く水路に沿って若王子《にゃくおうじ》橋から銀閣寺下の銀閣寺橋まで約2キロ続く道。経済学者、黒正巌《こくしょういわお》博士がこの辺りの小径がドイツ留学中に親しんだ「ハイデルベルヒの哲学者道に髣髴《ほうふつ》たり」といい「哲学者の小径」と呼び始めたのだとか。当時は西田幾太郎《にしだきたろう》氏など、インテリ階級の人々の好ましき散歩道だったそうです。

橋本関雪《かんせつ》夫人が夫の画家大成を感謝して植えた染井吉野に始まる桜並木の下、四季折々の風情《ふぜい》が楽しめるこの小径は今や誰からも愛されるようになりました。

哲学の道に限らず、この辺りには趣《おもむき》のある寺社や枝道が多く、昔から人々に愛されていたようです。私も人出の多い日には、哲学の道を離れ、古い家並みや山間《やまあい》の名もない道を歩きます。例えばこの地の産土神《うぶすながみ》八神社から銀閣寺、法然院《ほうねんいん》、安楽寺《あんらくじ》をへて霊鑑寺《れいかんじ》までの道は一本道で初めての方にもお勧めです。山裾をうねるように続くこの道をぷらぷら歩いていると、きっと多くの歴史上の偉人たちも時には思案し、時には詩を詠みながら好んで歩いた道なのだろうなぁ……と、いろいろと想像をかき立てられます。

お隣同士の法然院と安楽寺の山門の屋根が茅葺《かやぶき》なのがいい。法然院は早朝が美しく、朝靄《あさもや》の立ちこめる境内に立つと、まるで仙界のよう。安楽寺は絵に描いたような参道がすてきで、拝観日には、ご住職が優しく迎えてくれるお寺です。

　霊鑑寺を過ぎると哲学の道にもどって南を目ざします。人通りが増えて急に現実に引き戻されますが、またすぐに夢の中。途中の大豊《おおとよ》神社の参道や境内には、お茶花などが植えられ、四季折々に目を楽しませてくれます。かつては山そのものを御神体としていたといい、一見手つかずの自然のままのような境内は生き生きとした植物に囲まれて落ちつきます。

　大豊神社を出ると次の若王子神社が哲学の道の終点ですが、ここまで来たらもうひとふんばり。永観堂《えいかんどう》や野村美術館を通って南禅寺《なんぜんじ》へ。

　銀閣寺から南禅寺一帯には、白川、鹿ケ谷《ししがたに》渓谷からの渓流、琵琶湖疎水《びわこそすい》、そして東山の山々からの豊かな山水が集まります。それはそれはたくさんの水がこの辺りにそそがれて、どこにいても水を感じるので、心が和《なご》みます。もし私が蛍だったら、絶え間なく聞こえてくる水の音に惹かれ、きっとこの地に住みつくだろうなぁ。
　私にとっては、この辺りの路地や寺社すべてが哲学の道です。何か思う所がある時、思案したり、ぼんやりしながら静かに歩いていると何となく心の中に答えの種が浮かんでくる、そんな場所ですね。

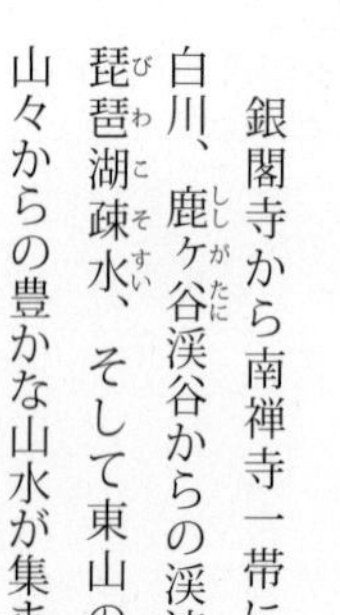

夏土用の日
鹿ヶ谷
かぼちゃ
供養

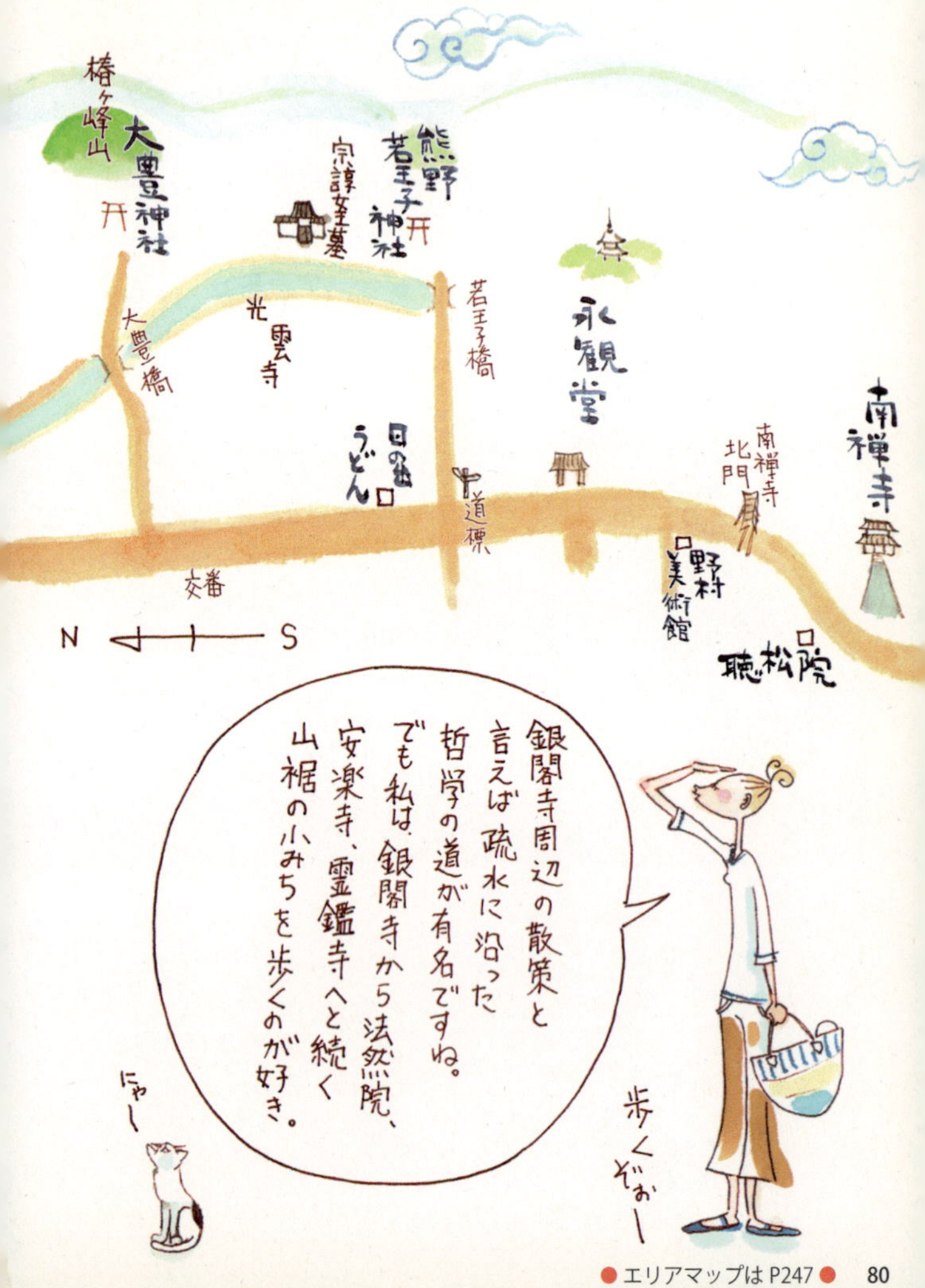

● エリアマップは P247 ●

銀閣寺道を東へ

参道をいく道すがら
よーく見ると半紙に
くるんで水引きで結ばれた
立派な消し炭を玄関口に
つるしたお家があります。
これは送り火の「から消し」。
魔除けになると
言われています。

このあたりは
大文字を守ってられる
人たちのお家が多く
送り火の日には
大文字の起源の
一つとされる
弘法大師の提灯が
家々に灯されます。
また、浄土院前では
護《ご》摩《ま》木《き》を奉納できます。

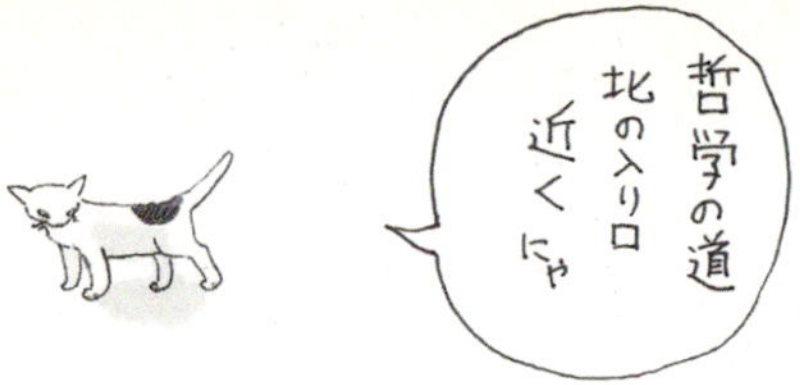
哲学の道
北の入り口
近くにゃ

白《はく》沙《さ》村《そん》荘《そう》

橋本《はしもと》関《かん》雪《せつ》 記念館

10時〜16時30分
無休

記念館で素描スケッチや
作品の鑑賞もいいけれど
関雪さんが大正五年に
転居してきてから
生涯をかけて自分の好みに
造り続けた庭に
おじゃまするのがいいのです。

植物に石仏、お茶室
関雪さんの好みを拝見。

人が少ない時は
いろんな所で
佇んで ゆっくり
してしまいます。
池泉回遊式の
お庭を
イスに座って
眺めるのも
またよいですヨ

お散歩のまえにこの地域一帯の産土神さまにごあいさつ

銀閣寺門前を北へ

八神社

鳥居をくぐれば木が茂り石段を登るといきなり山間の静寂に包まれます。なるほど、昔は「樹下社」と呼ばれていたそうです。その名のとおり八つの神が祀られています。

浄土院

銀閣寺の北隣り「大文字寺」とも呼ばれ大文字の送り火を管理されているお寺です。

境内に「如意水」なるものが……

「如意水の八功」が書かれていて読んでいるといただいて帰りたくなります。

※現在は水質検査を受けていないので飲料水としては適していません。

慈照寺（銀閣寺）

銀閣寺前の道を南へ

人も少なくなり
こんもりとした森のような山を
目ざして歩けば
木陰と鳥のさえずりが
心地よい。
木の実や鳥の羽を
ひろいながら
この道を歩くのが
好きです。

法《ほう》然《ねん》院《いん》

茅葺の山門が
いつもやさしく迎え入れてくれます。
鎌倉時代の初期
法然上人が草庵をもうけ
弟子とともに
専修念仏の行を
修された旧跡。

白砂《びゃくさ》壇《だん》

山門をくぐれば
上面に水を表す
文様が描かれた盛り砂
参詣者の心身を
清めてくれるものです。

法然院は椿でも有名なお寺
椿のころに訪れると
総門から山門までの
石畳にやぶ椿が落ち
あちらこちらに
椿があしらわれていて
美しいですよ。

山門手前、山側に
文人や学者さんの
お墓があり
谷崎潤一郎夫妻も
ここに
眠っておられます。

開門は
早朝から
早起きして
行くのも
おすすめ

本堂の拝観は春と秋だけですが
境内の散策はいつでも
自由にできます
山手の奥の方で憩えば
閑寂さに安らぎを感じます。

特別公開は
椿が美しい4月がおすすめ
方丈庭園に湧く善気水の
お茶もいただけ
梶田住職の法話も
おもしろいです。

7時～16時
本堂の特別公開期間
春4月1日～7日
秋11月1日～7日

法然院から少し南へ
山手に小さな山門が見えます。

住蓮《じゅうれん》山 安《あん》楽《らく》寺

法然上人が
悲しい死を遂げた
弟子の名を
つけたお寺。

法然上人ゆかりの
お寺ゆえ
山門の茅葺屋根が
優しくほほえんで
見えます。

紅葉の季節は
本当に美しいです。

鎌倉初期
後鳥羽上皇の寵姫
松虫姫と鈴虫姫は
上皇の留守に
御所をぬけ出し
住蓮と安楽のもとで出家
これを知り上皇は激怒し
住蓮と安楽上人は斬首に…

鹿《しし》ヶ谷《がたに》かぼちゃ供養

鹿ヶ谷かぼちゃは
成人病予防に
有効な
リノレン酸が
西洋かぼちゃの
7倍ほど
あるそーです。

京の伝統野菜
鹿ヶ谷かぼちゃで
中風にならないよう
願う行事。

一般公開時やかぼちゃ供養の日にはお寺の由来話など聞くことができますよ
ご住職さんもやさしい方です

花や紅葉の時期にあわせて春と秋 公開
7月25日 鹿ケ谷かぼちゃ供養

安楽寺から南へ

妙《みょう》見《けん》堂《どう》

鹿ヶ谷の妙見さん。御所を中心にして十二の方位に開運の妙見様がありここは卯(東)。ウサギ年生まれの人はおまいりを。

霊《れい》鑑《かん》寺《じ》

拝観は原則として非公開

鹿ヶ谷の渓流沿いに建てられた門跡尼寺。谷の御所とも呼ばれています。後水尾天皇の皇女 多利宮を開基とし明治維新まで皇女・皇孫女が入寺された。御所人形など皇室ゆかりの品が多く所蔵されています。樹齢300年ともいわれる「日光椿《じっこうつばき》」をはじめたくさんの種の椿があります。

春と秋のみ公開
春4月上旬頃
秋11月下旬頃

しばし
哲学の道を
「大豊橋」まで行き
橋を渡り東へ

大豊神社への
山に向かって行く参道は
いろいろな季節のお花が
心をなごませてくれます。

山からの
御神水で
身を清めます。

東山三十六峰の
椿ヶ峰の山がすぐ後ろに
迫っている大豊神社は
椿ヶ峰天神と呼ばれていました
昔はこの山をご神体とし
本殿も山の中にあったと
宮司さんから伺いました。
その神秘的な何かが
失われていないのがうれしいです。

大《おお》豊《とよ》神社

古くは鹿ケ谷、南禅寺一帯の産土神。

少彦名命《すくなひこなのみこと》を主神に応神天皇、菅原道真を合祀。

とにかくゆっくりできるので好きな場所。お天気のいい日は拝殿からはるか西方に愛宕山が見えます ありがたや♡

大国《おおくに》社《しゃ》

本殿脇の摂社

縁結び

ネズミは豊穣薬効長寿を表す酒樽(水玉)を抱えている

もう一匹は学問を表す巻物をもっている

野火にあい火に囲まれた大国主命《おおくにぬしのみこと》をネズミが助けた神話から珍しい「狛ねずみ」があり、かわいいです。

日吉社と愛宕社にもかわり狛がいますよ

哲学の道周辺のおいしいもの

ほどよい塩味の赤えんどう豆に寒天の入った「豆かん」。この味はさらっと食べられ定期的に食べたくなります。

竹ざおの先にゆらゆら とゆれる 豆かん と書かれた あずき色 の布が見えてくる。

ささ《き》み家《や》

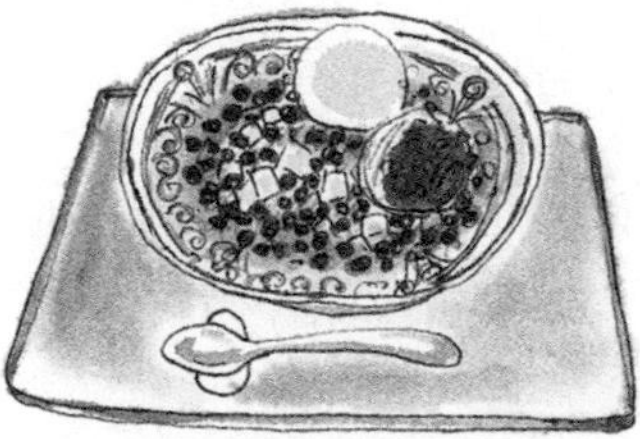

まる豆かん　700えん

豆かんに あんとバニラアイスが のっています。

京風白味噌雑煮、と 小さい豆かんのセット
(11月ごろから4月ごろまでのメニュー) 900えん
(桜のころ)

京のお正月は白味噌のお雑煮です。お正月を過ぎ少ししてから人に作ってもらうお雑煮をいただくこれ、ちょっと私のしあわせです。冬に旅行に来られた人におすすめしています。

常連さんらしき人に男の人もよく見かけます。

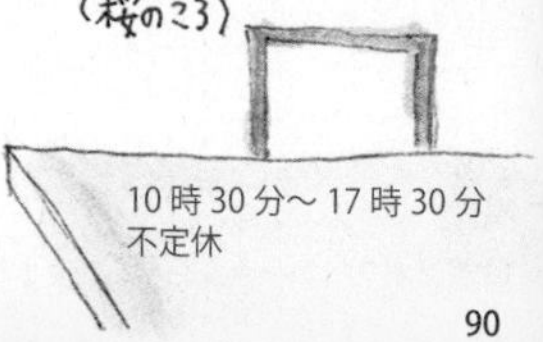

10時30分～17時30分
不定休

ふろうえん

ハンバーグ（定食）
1400えん

12時～13時30分
17時30分～21時30分
火曜休み、水曜はお昼の営業なし

白沙村荘にほど近い白川沿いに
昔、旅館だった建物をいかした
洋食屋さんがあります。

ここのハンバーグが
とってもおいしいです
小鉢もいっぱいついていて
とっても満足度が高いのです。

御菓子司

緑《りょく》菴《あん》

9時～19時
第2・第4水曜休み

お持ち帰りのみですが、
ここの生菓子は
甘みが上品で
好きなので
こちらの方に来ると
よく買います。

お茶人の方にも
人気が
あるようです。

また哲学の道へ

大豊橋から若王子橋まで右手の光雲寺あたり西に広がる景色もいいですよ。

熊《くま》野《の》若王子《にゃくおうじ》神社

哲学の道南端
東山三十六峰
若王子山麓にある。

熊野神社、新熊野《いまくまの》社の二社とともに「京都三熊野」の一つ後白河法皇が紀州の熊野権現を勧請したものという。

恵比須社

等身大のえびす様は夷川通の名の由来となったそうです。

御神木

意外に小さい
梛《なぎ》の葉
ツルっとしている

「すべての苦難をなぎ払う」とされる樹齢400年の梛《なぎ》の木。

若王子神社を少し山の方へ。
左に登ると見はらしのよい
「桜花苑」があります。

ここらへんは
かつての桜の名所であり
足利尊氏や義政が
花見の宴を催したという
記録もあるそうです。

右に行くと
小さな滝があり
ひんやりしています。

N
S
桜花苑
若王子神社
哲学の道
南端
永観堂
日の出
うどん

哲学の道に別れをつけ
鹿ヶ谷通へ

東へ
南へ
永観堂
ここから
さらに南に
足をのばし
永観堂、
南禅寺へ

鹿ヶ谷通
道標より少し北の東側

日の出うどん

日の出

カレーうどんが
おいしいのでよく行きます。

辛さを
選べて
麺もおうどん・
黒そば、中華麺とチョイスでき
たのしめますよ。

ふー
紙エプロンの
サービスが
うれしいです
特カレーうどん
900えん

平日11時～18時、祝日11時～17時、日曜休(4月と11月は不定休)

禅林寺《ぜんりんじ》 永観堂《えいかんどう》

弘法大師の弟子
真紹僧都が創建。
千年以上前からある古刹。

本尊は見返り阿弥陀如来立像。
永観《ようかん》律師が念仏の
行道中、阿弥陀さまが
壇上より降り、先導し、
行道をはじめたが
驚いて遅れた永観に
左に見返り
「永観おそし」と呼びかけた
そうです。

そのお姿からは
遅れる者を待つ、
思いやり深く
周囲を見つめる
やさしさが伝わります

「臥龍廊」や
「多宝塔」など
見どころが多いので
ゆっくり境内を
まわってみて。

「もみじの永観堂」
ともいわれるくらい
もみじが美しいです。

三鈷の松

葉が
長くて
三本。

持っていると
三つの福が
自然に備わると
いわれています。
松の木は拝観中に
見られますが
葉が欲しい時は
お寺の入口の
売店に
おいてあります。

9時~17時(16時受付止)
拝観料600円

永観堂から
南禅寺まで
趣のある景色と
ゆたかな疏水の
流れを
たのしみ、
その水の音を
BGMに
小径を
行くのも
とっても
いいですよ。

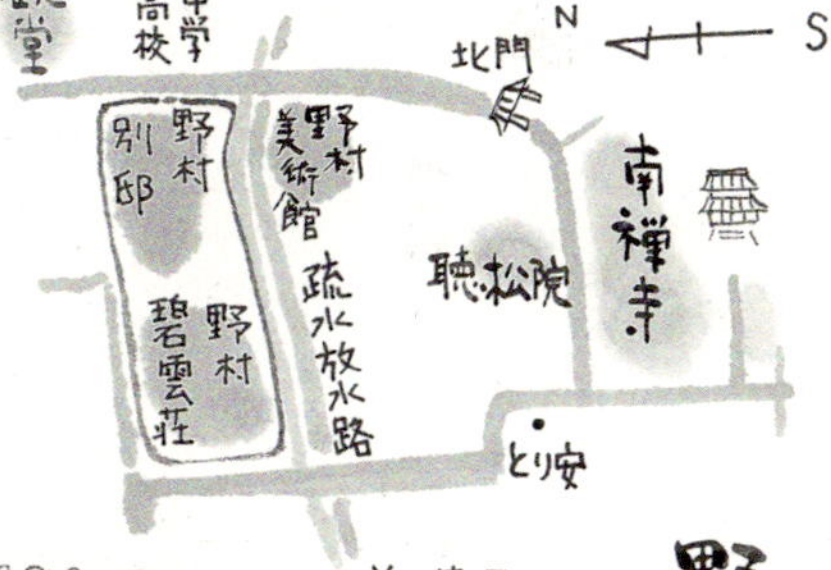

野村美術館

野村財閥の2代目
野村徳七が収集した
茶道具などの
美術工芸品を収蔵。

夏・冬期は閉館

春と秋のみ開館、10時～16時30分
月曜休み（祝日の場合は翌日休み）

野村美術館の横、
疏水放水路に沿って
細い道をぬけるのも
素敵です。

野村碧雲荘の
お堀のかきつばたは
とても美しいので
時季があえば
のぞいてみては……。

かきつばた　5月中旬から6月中旬

京都五山 最高位

南《なん》禅《ぜん》寺《じ》

亀山法皇が
・離宮を禅寺として
南院国師が伽藍を
整えたので
「南・禅・寺」

8時40分～17時
(12月～2月は16時半まで)
拝観料500円

三門

勅使門・三門・
法堂・方丈が
東へ一直線上にある
三門の「天下竜門」は
禅宗式三門。
空門、
無想門、
無願門、
の意味。

楼上へは
山廊《さんろう》の中から。(南側)
階段がとても急なので
ゆっくり登ってください。

絶景かなァ なんちゃって

三門拝観料 400円

仏教で万物を形成する元素になるもの空・風・火・水・地のマーク
空
風
火
水
地

南禅寺発祥の地
南禅院への参道に
彫刻発見。

水路閣《すいろかく》

明治に古代ローマの
水道橋をモデルに造られた。
赤煉瓦がなぜだか
お寺によくあうのです。

今も上を流れる水は発電に使われています。

南禅院《なんぜんいん》(南禅寺発祥の地)

亀山天皇はここで出家し法皇となられました。
南禅寺山の木々に包まれた美しく、静かな
庭園は京都三名勝史蹟 庭園の一つです。
新緑や紅葉が池に
うつりこむと
なお一層、
美しいのです。

8時40分～17時(12月～2月は16時半まで)
拝観料300円

下乗門《げじょうもん》

南禅寺
中門を出、
参道を西へ左手、
金地院に続く
下乗門をくぐる。

8時30分~17時
(12月~2月は16時半まで)
拝観料400円

金《こん》地《ち》院《いん》

南禅寺の塔頭

葵のご紋があちこちに

徳川家康の側近で「黒衣の宰相」といわれた僧、以心崇伝《いしんすうでん》ゆかりのお寺。

天井には狩野探幽筆の龍が守っています

日光東照宮より前に造られたそうです。

当時、黒うるし塗りだったそうです
今も黒い拝殿は迫力があります。

明智門から入れば弁天池や方丈と見どころが多く鳥居をくぐるとその奥には家康の遺髪と念持佛が納められた東照宮。徳川家との縁の深さを感じますね。

金地院から
インクラインや
蹴上《けあげ》までの一本道が
とても好きです。

参道から
横に入るので
人が少ないのが好き。
夕方 近所の人たちが
散歩されてる
おだやかさが
気に入ってます。

下カラ見ル 上カラ見ル

京都の夏は 祇園祭にはじまり、五山の送り火で終わる。送り火の火が消えるとなんだか寂しくなって、足もとの虫の音に秋の気配を感じます。

主役は東山如意ヶ岳、通称大文字山の大文字。午後八時を機に大文字に火がともる。それについで妙、法、船形、左大文字、鳥居とつづく。普段は遠くから手を合わせる大文字ですが、間近で見るとずいぶん違います。時間になると中心の火床から火をつけ、順々に点火されていく。大の字の真ん中に弘法大師像があり、お経があげられます。炎が大の字を描く頃にはそれは大きな火柱となってすさまじい熱さと火の粉の乱舞。焼けそうに熱い。思わずタオルを頭か

らかぶる。けれどあまりの壮観な眺めに目が離せません。背中に「大」と書かれた法被をきている保存会の方が汗びっしょりになりながら事故のないよう一心に働く姿には本当に頭がさがります。まさに人の手によって守られている行事なのです。京都に住んでいても五山全部の送り火を一度に見る機会はなかなかありません。思わず合掌。

　杯に大の字をうつして飲むと無病息災、中風にならないといいます。また、消し炭は魔除けになったり、細かくして飲めば腹痛の薬になるなど京の人たちの暮らしに取り込まれ大切にされています。京のならわしやまじないとしてありつづける消してはならない火なのです。

　送り火は、下から見るのも上から見るのも、どちらもいいものです。

南禅寺のご近所さん

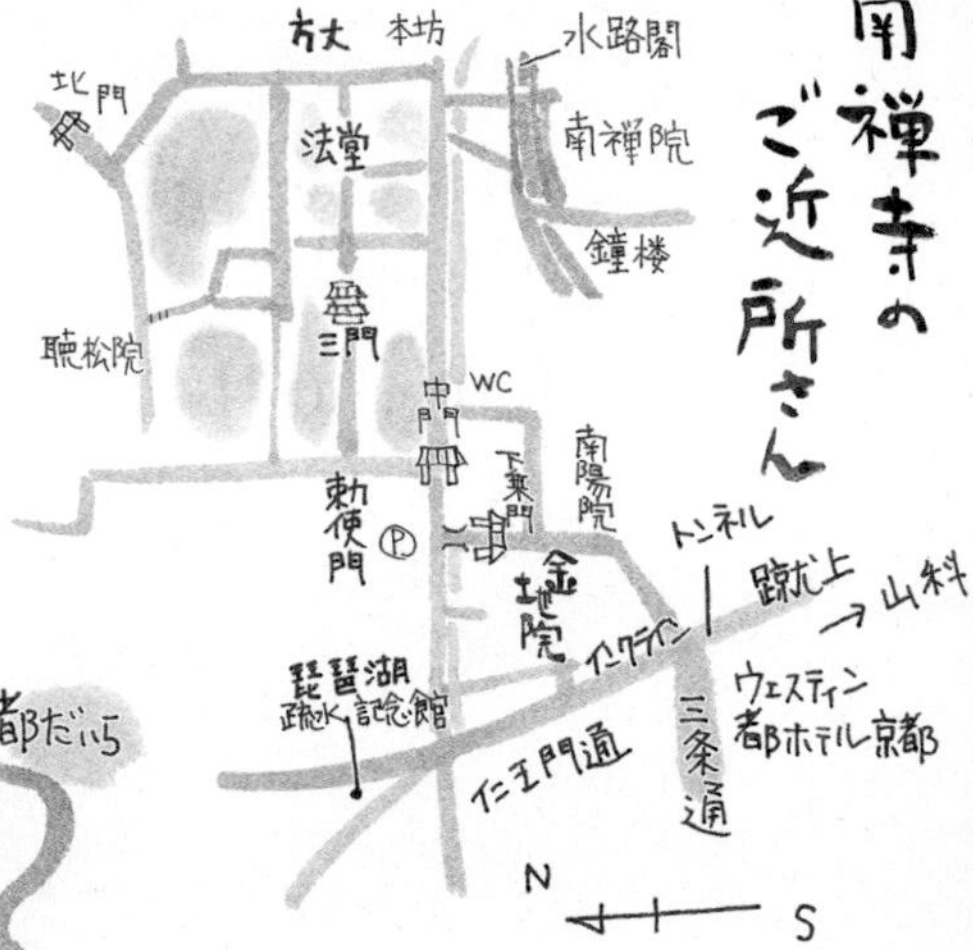

ウェスティン都ホテル京都

宿泊者でなくても受付をすれば
ホテルの裏山、華頂山にある
野鳥の森・探鳥路に入れます。
一流ホテルの
さりげない気遣いを感じる
整備された散策路で
気軽に森林浴がたのしめるんですよ。
途中にある「御百稲荷神社」や
山頂の「都だいら」からは、
黒谷さんや南禅寺三門を見渡せます。

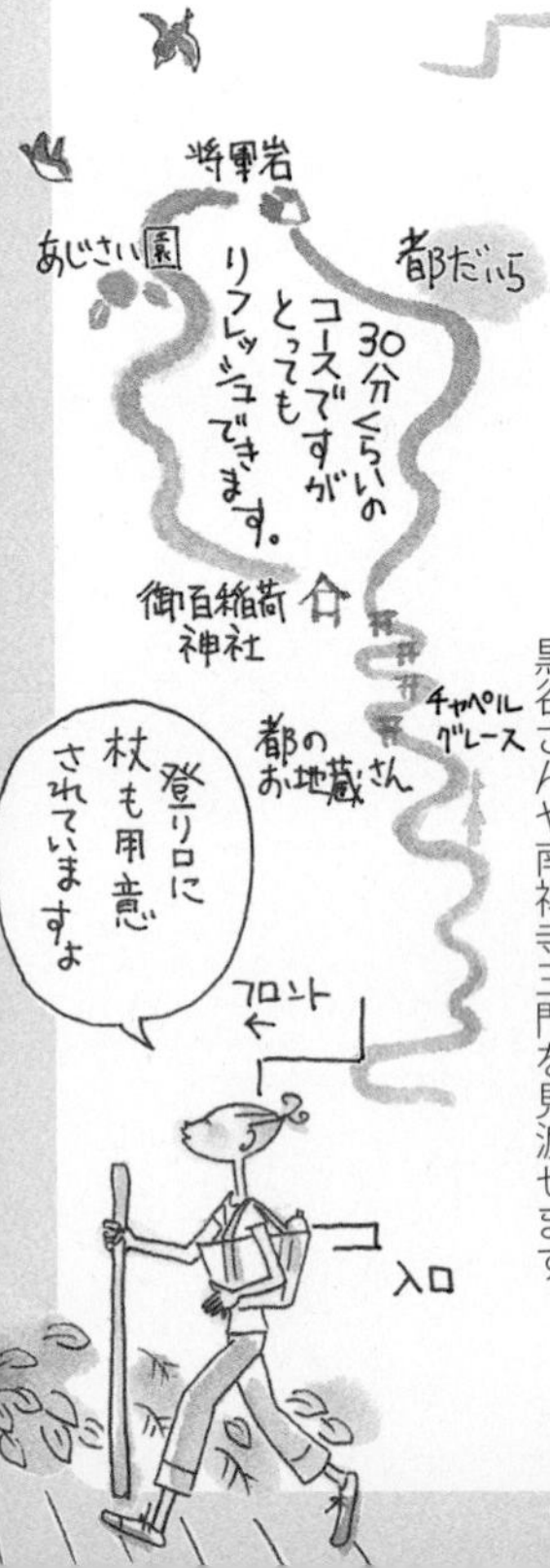

つっかけ気分で今昔

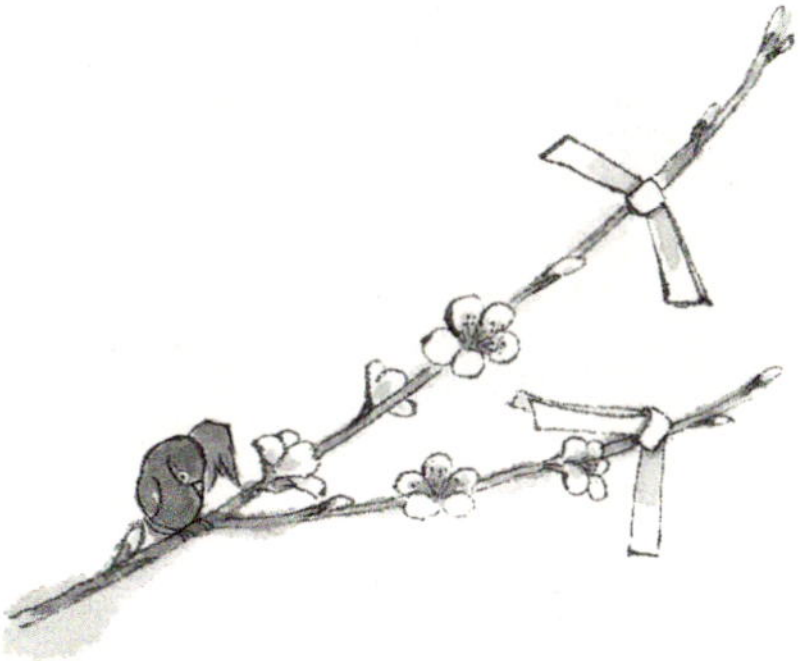

きたの

学問の神様をお祀りする北野天満宮《きたのてんまんぐう》は、京都の学生さんなら一度はお参りするという、なじみ深いお社。親しみを込めて「天神さん」と呼ばれています。

天神さん界隈は私にとってかなりの、お気に入りスポットです。本殿でお参りをすませたら、桜の名所の平野《ひらの》神社へ行くもよし、花街上七軒《かみしちけん》をぬけて、おたふくさんの千本釈迦堂《せんぼんしゃかどう》へ行くもよし。おいしい老舗もあるし、商店街などもとても活気があります。京都の魅力が凝縮されているのですが、それでいて庶民的なところが好きなのです。

なぜか空が高く感じる天神さんの参道は気持ちよく、楼門、三光門、本殿と進

んで行きます。本殿東側の手水舎のお水はとてもおいしい井戸水なので、あちこちから水を求めてこられます。先日もくみに来ていた板さん風の方が「米もコーヒーも最高においしゅうなるで」と教えてくれました。水の話からなぜか、舞や三味線など、花街ならではのお話をして帰って行かれましたが、こういう出会いもまた楽しみの一つです。

西側には御土居《おどい》という太閤秀吉さんが洛中洛外を分けるため築いた外壁跡があります。周辺は緑が多く、木々の間を流れる紙屋川沿いに歩くと小鳥のさえずりが聞こえ、心地のよい散歩道です。また、秋には紅葉の隠れた名所となります。

東門を出ると上七軒。天満宮再建のおり、建材の残りで作られた、七軒のお茶屋さんがそのはじまり。伝統はあるけど仰々しくないところが魅力の花街です。夏には歌舞練場《かぶれんじょう》がビアガーデンとなり、気軽に舞妓《まいこ》さんと過ごせるので、大人気。私は、お酒より食い気、花街らしい京言葉で迎えてくれるお店に行って、おいしいランチをいただくのが楽しみです。

　忘れてはいけないのが毎月25日に催される市「天神さん」。骨董や植木、古着物などの露店と買い物客が、北野天満宮の参道や周辺道路にあふれ出します。目利きのプロも早朝からやって来るので、私も負けじと早起きして三文の徳、お宝探しに出かけます。

　北野さんを南に下がると商店街がありたくさんのお店や露店が軒をつらねます。「暮らしみっちゃく！」といった感じで、初めて来た時になぜか懐かしいと感じました。昔ながらのおかき屋さんや八百屋さん、あらもの屋さん、佃煮屋さんにお茶屋さんに乾物屋さんなど、なんでもあり、スーパーにはない言葉のやりとりが、買い物に花を添えてくれます。

　普段は静かな北野を散策して、そろそろ帰ろうかという時、夕飯のおかずをとってもお得に、楽しく買って帰るのが私のお気に入りのパターン。

　ああ今日も楽しかった……。

静かな日には門の柱の下になじみの猫がいたりする。

北《きた》野《の》天《てん》満《まん》宮《ぐう》

平安期創建の
菅原道真公を
お祀りする神社。

「天神さん」と親しまれ
学問の神様として
信仰されています。

現在の社殿は
豊臣秀頼の造営によるもので
豪華な八棟造は
桃山時代の建築文化を
当時そのままに
伝えています。

伴《とも》氏《うじ》社《しゃ》

参道西
境内末社
道真公の
お母さん
「伴氏」を
祀って
あります。

参道両側の
なでうし

自分の良くしたい所を
なでるといいそうです。
ゆえに牛はツルツル
ピカピカです。

道真公が
丑の年
丑の月
丑の日
丑の刻の
生まれなので
牛の像が
たくさん
奉納
されています。

なんか
思い出すなァ

学問の神様だけに
境内には
学生さんの
姿がたえません
もちろん
私も
お世話に
なりました。

年中行事が多い天神さんは
上七軒とかかわりも深く
節分祭や梅花祭など
芸・舞妓さんの姿を見られますヨ。

裏の社《やしろ》

道真公の
ご神座と
背中あわせ

道真公の祖先神と
清公（祖父）
是善（父）が
祀られており、
表と裏両方
お参りすると
よりご利益があるかも。

天神さんのなか

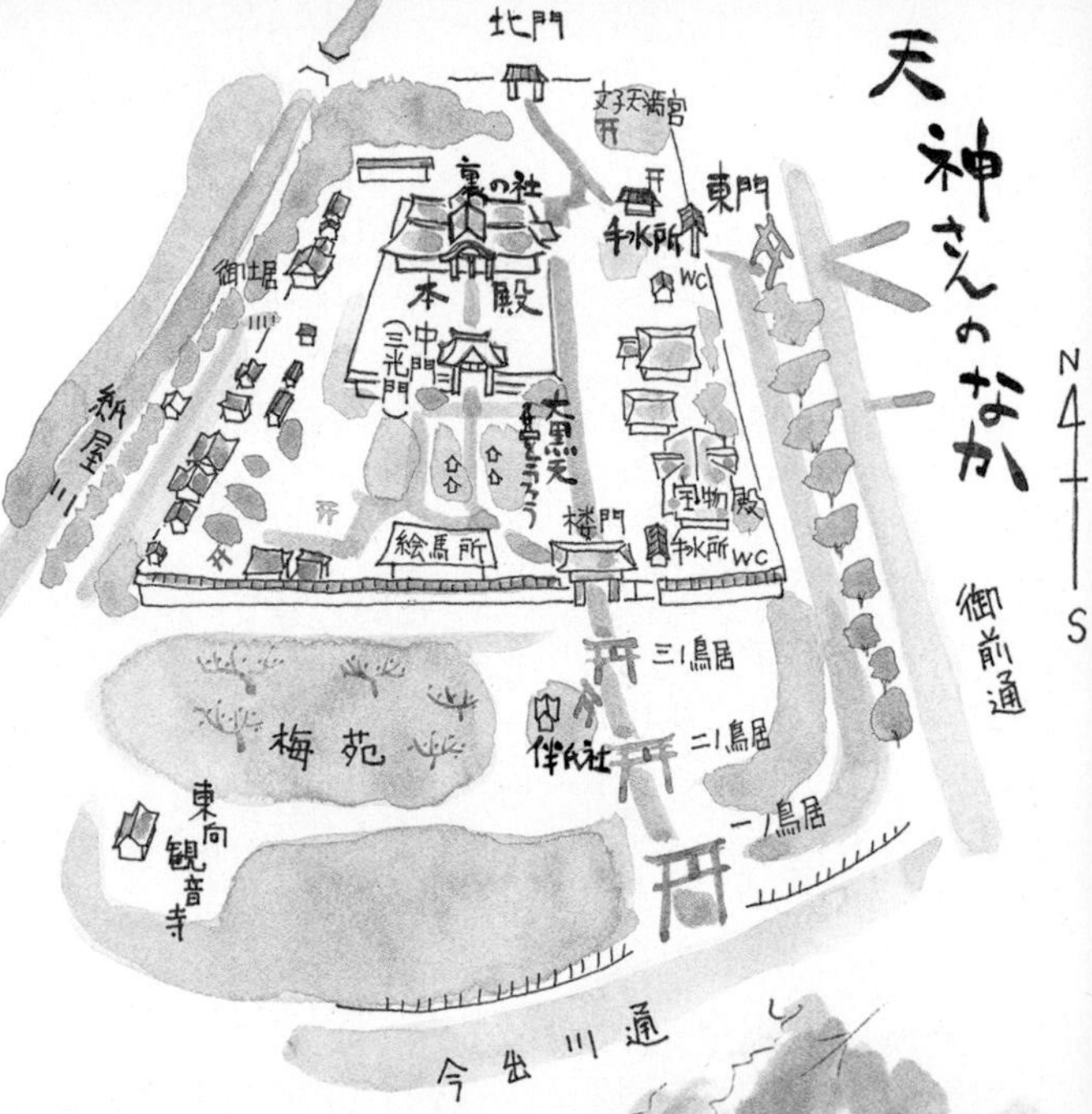

三光門(中門)
東向かい

大黒天の燈《とう》籠《ろう》

大黒さんの
口?・鼻?の穴に
小石をのせて
落ちなければ
その小石をお財布に
入れておくと
お金に困らないと言われています。

神社の西側

秀吉の命による
洛中洛外を分ける
御土居跡が残っています
紙屋川沿いに
歩くのも
気持ちいいです。

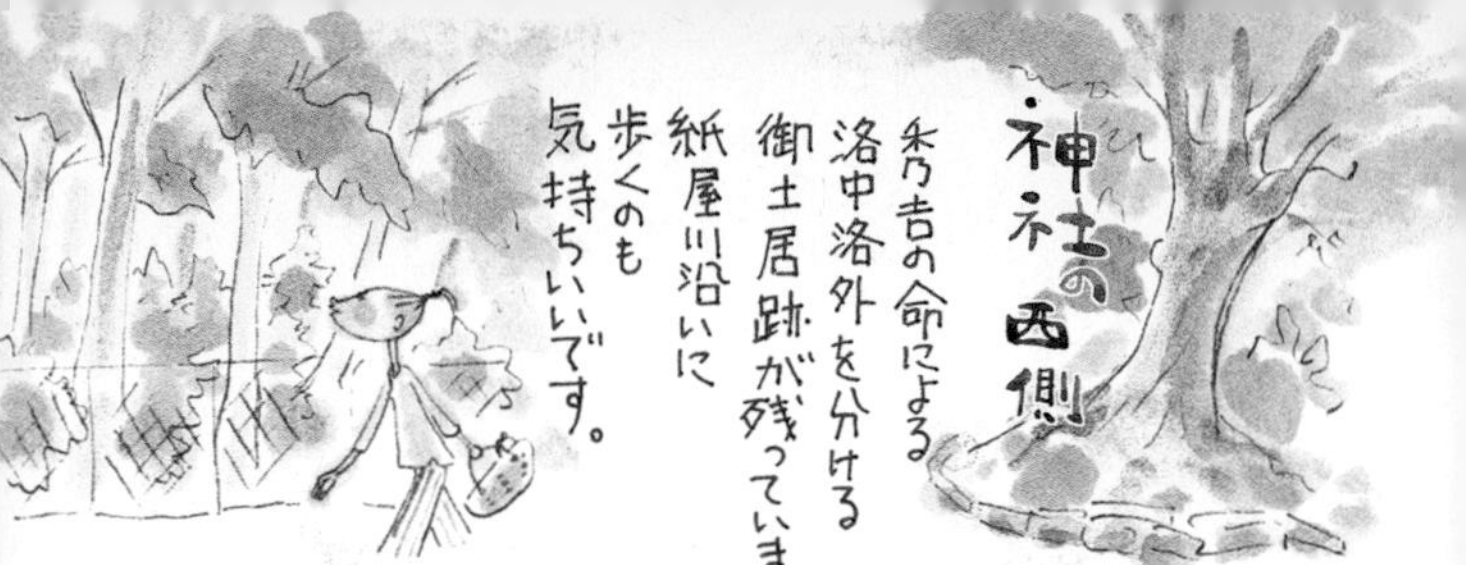

天神さんの水

昔、天神さんの
周辺には
造り酒屋が
多くあったそうです。

天神さんの
お水も
おいしく
人気あり。
よく
くんで
帰ります。

毎月25日 天神さん

境内にも
周辺にも
市がたち
それは
それは
にぎわう一日です。
自分のお宝探しに！

上《かみ》七《しち》軒《けん》

天神さん
東門前

上七軒は
京都で一番古い
花街です。

上七軒
歌《か》舞《ぶ》練《れん》場《じょう》

8月には
(1日〜末日)
ビアガーデンが
開かれる
「おいでやす」と
浴衣姿の
芸・舞妓さんが
もてなしてくれます。

上七軒
有職菓子御調進所
老松《おいまつ》（北野店）

8時30分〜18時
不定休、1月1日、2日休み

夏だけの限定品
「夏柑糖《なっかんとう》」が
好きで
暑くなってくると
のぞきに行きます。

なつかんとう

1コ1260えん

国産の
夏みかんを
使った
寒天菓子
夏ぴったりの
涼菓です。

小きみ

上七軒の芸妓さんだった
お母さんが
迎えてくれる
あたたかい
お店です。
お母さんの
言葉が
心地いいです。
お昼の定食が
とても
お得。

11時〜14時
(25日は10時〜15時)
18時30分〜23時30分
日曜休み
（2、3、4、10月は
月1回の不定休のみ）

上七軒の
芸舞妓さんの
うちわが
いっぱい

お昼の定食 890えん

天神さん北門西へ

桜橋を渡ると鳥居が見えていますよ。

平《ひら》野《の》神社

あざやかな朱色に大きな額が目をひきます。

平安時代に桓武天皇の命により創建。

神門をくぐった境内は朱のイメージから一転、しぶい色調に変わり平野造り（春日造とも）の本殿を見ると朝廷に崇敬され源氏、平氏等諸氏の氏神とされていたのもうなずけます。

桜の名所

境内には500本近くのいろいろな種の桜が次々咲きます。花見のころ桜湯をいただけたりしますよ。

夜には境内にお桟敷《さじき》が出てにぎやかです

4月にライトアップ
4月10日　桜花祭

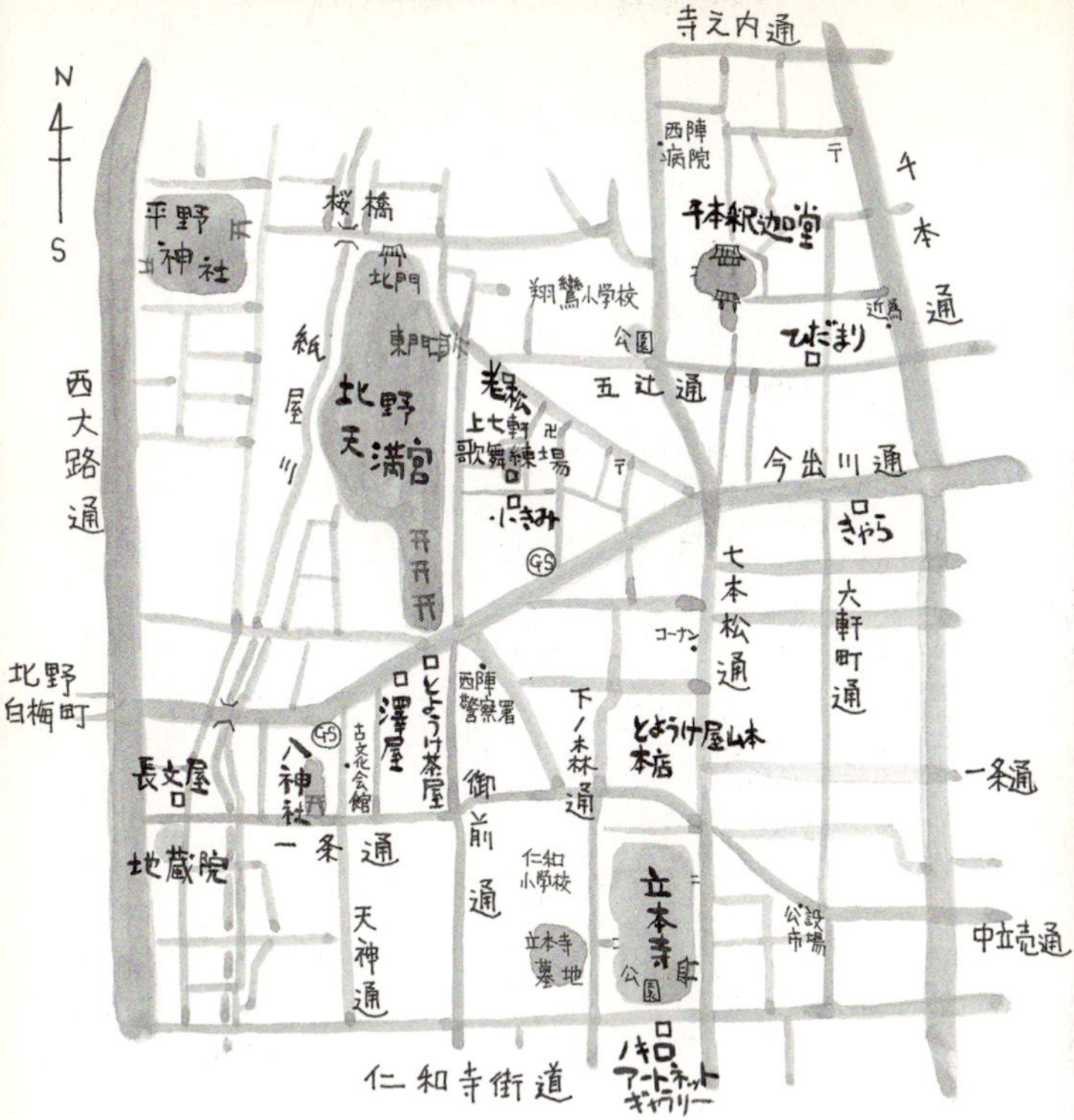

天神さんを
中心に
北門から
平野神社、
東門から
千本釈迦堂、
南へ行けば
商店街
あっちこっち
たのしいです。

五辻通
大報恩寺《だいほうおんじ》
千本釈迦堂《せんぼんしゃかどう》(鎌倉期創建)

本堂は京都の洛中最古の建造物で国宝です。応仁の乱の戦火の中焼け残ったのは奇跡にちかいのです。本堂の柱に刀槍の跡がたくさん残っていてなんだかリアルです。

お釈迦さまもおかめさんも拝んでおきましょ

9時〜17時
本堂・霊宝館の拝観料500円

7月には陶器市
12月には厄よけ 大根焚きが
行われます。(暦の上で「大雪」の日)

上棟式のお多福面のいわれの源になったお寺としても有名。

おかめさんは本堂を建てた棟梁の奥さんで機智に富み夫のために命をもいとわぬその姿からおたふくさんとして今も愛されています。

受付けの前に菩提樹の木があり葉っぱから実が出ている。昔はこの実をあつめて数珠にしていたとか。木の下にありがたい実が…

やさしいおじさんに教えてもらいました。

五辻通　千本釈迦堂にほど近い

ひだまり

営業時間を
お尋ねすると
「日暮れまで」っと
微笑んでおっしゃる
店主さんは
とってもやさしい女性。

10時～日暮れまで、不定休

コーヒーも
たっぷりめで
うれしい。

コーヒー 350えん

お味噌を
かくし味にした
カレーは
季節ごとに
具が
かわるので
たのしみ。
ご飯は
五穀米で
とっても
ヘルシーです。

500えん

お店は町家なので
冬は寒い!
そこで「こたつ」が登場
そんな
あたたかさがあります。

北野天満宮 南

とようけ屋山本

人気のお豆腐屋さん
天神さん(25日)の日には
特にたくさんの人が訪れます。
お豆腐はもちろん
私はこちらのおあげさんが
大好きです。
1枚ペロリと食べちゃいます。

●とようけ屋山本 本店
4時〜 18時30分
無休(年始、お盆のみ休み)
●とようけ茶屋 売店
10時〜 18時30分
飲食11時〜 15時
木曜休み
(25日営業、月1回不定休)

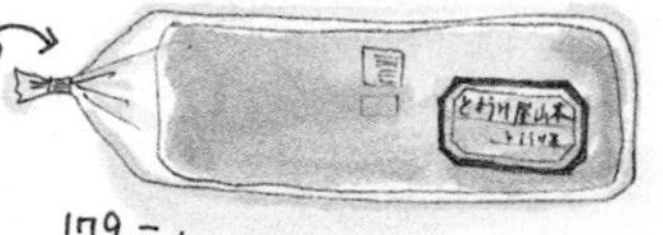

179えん

焼いて
しょうが
醤油や
大根
おろしで
食べます。

粟餅所

澤《さわ》屋《や》

北野天満宮の
参詣みやげとして
昔から有名。
注文すると
目の前で
ひとつずつ
つくられる、
まさに
つくりたて。

9時〜 17時
(売り切れ次第終了)
木曜・毎月26日休み

一皿 510えん

味は粟餅に
きな粉か
あんこを
からめたもの
どちらか。
私は
きな粉が
大好きです。

きゃら

めずらしい
お茶のつくだ煮

「いい茶葉が
入らないと
つくらない」
店主さんの強い信念で
安全な緑茶葉の新芽を
山椒とあわせ保存料を
使用せず煮あげてあります。
手作りなので数に限りがあり
閉店時間を待たずして
なくなってしまうことも…

9時30分～17時30分
水・第3日曜休み

北野の商店街

千本中立売から
下ノ森通までには
北野公設小売市場が
あったり、昔ながらの
お店が並んでいます。
さらに西へ
西大路通に出るまで
大将軍《たいしょうぐん》商店街が
ひき続きあり
とってもにぎやかですね。
大将軍商店街には
八《はち》神社や
地蔵院があります。

大将軍《たいしょうぐん》八《はち》神社

大将軍商店街に静かに佇む歴史ある神社。

大将軍は陰陽道で西方の星（宵の明星）のこと。

この一帯の地名の由来ともなっています。

平安京造営の時に都の「北西」を守護するためにつくられました。

古代より怨霊は北西からやってくるといわれ鬼門と同じくらい重要視されていたのです。

そこを任されるだけあって方除《ほうよ》けの力は絶大です。

毎年、新しいお守りをもとめに行きます。

シンプルで美しいお守り

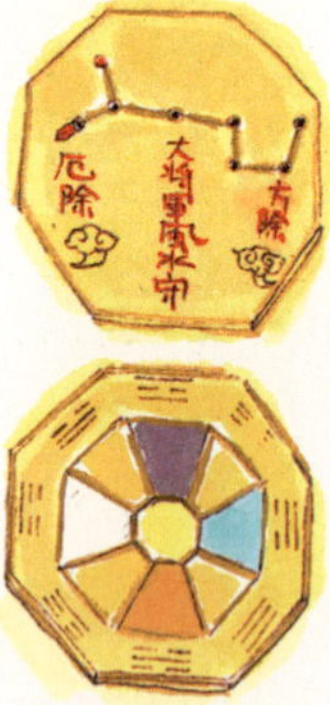

風水お守り

800えん

節分の日や毎月第一日曜にあるフリーマーケットで売っている

大将軍オリジナルたいこまんじゅう

いつもきりりと涼やかな宮司さん

収蔵庫（方徳殿）
平安中期から鎌倉期にかけての神像の数には圧倒されます。

収蔵庫の公開期間
5月1日〜5日・11月1日〜5日

一条通西大路東入ル

地蔵院

通称 椿寺

9時～16時

四月、初旬、
ひっそりとしたお寺に
美しい椿が咲きます。
「五色八重散椿」は
加藤清正が朝鮮から
持ち帰り
北野大茶会のおり
秀吉さんに献上
したものだそうです。
地蔵堂の地蔵菩薩は
鍬《くわ》形地蔵さんと呼ばれ
安産守護。
観音堂には、
十一面観音菩薩さまが
いらっしゃいます。

一本に五色の
花をつけ
花びら一枚ずつ
散る椿

地蔵院より北（西大路 今出川 一本東の道を南へ）

長《ちょう》文《ぶん》屋《や》

「辛いめにして！」
「中辛で！」など
ご主人と
言葉がかわされ
目の前のすり鉢で
8種類の薬味を
調合してくれる。
私は山椒が好きなので
中辛の山椒多い目が好き。
いろんな料理にあいますよ。

基本は
330円で
何かを
増すと
少しずつ
値段があがります。

山椒と
ゴマを
多めに
してください

黒ごま
麻の実
けしの実
白ごま
山椒
唐がらし
青のり
青じそ

10時30分～18時
木・第2・第3水曜休み

七本松通仁和寺街道上ル

立本寺《りゅうほんじ》

近所の人や子供たちがよく通りぬけしていてその風景は昔なつかしい感じ

春は桜が美しく夏には蓮が涼しげに咲く静かなお寺。

「生きる世に浄土はある」と説いた日蓮聖人にはじまった日蓮宗。

焼失や移転を何度も繰り返し波乱つづきのお寺でした。

今の地に落ち着いたのは江戸時代だそうです。

本阿弥光悦による本堂の額

「本寺を立てる」という意味が込められている寺名は強い意志を感じます。

本堂のご本尊はお釈迦さまと釈迦如来にそっくりな多宝如来。お釈迦さまが二人おられるようで神々しいです。

客殿からは日到上人が造られた月山枯山水のお庭が拝見できます。雪の日と新緑の時がおすすめ。

常寂光寺からきた蓮だそうです。

立本寺の 幽霊子育飴

立本寺のお墓の壺から
生まれ幽霊のお母さんに
飴で育てられ、
その後、このお寺のお坊さま
日審《にっしん》上人になったという
話が残っています。
「壺日審《つぼにっしん》さま」と呼ばれ
安産守護として
祀られています。

麦芽糖のあめ

立本寺
方丈で買えますよ。 500えん

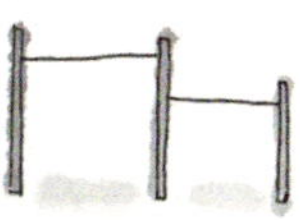

お寺の横の公園で
一休み

立本寺の南（仁和寺街道南側）

ノキロアートネット ギャラリー

町家の一階が丸ごと開放されていて
作家ものを中心に
展示・販売。
靴をぬいで
ゆったりと
お気に入りを
探せますよ。

ステキなご夫妻が迎えてくれます

11時〜19時、月・火曜休み

空の下 縁の下

山や河原で食べるお弁当はなぜだか楽しくておいしい。屋根がないだけで訳もなく、わくわくすることってあります。フリーマーケットなんかもそう。野外での買い物はとっても楽しいですよね。

それが神社や山の中だとまたちょっと趣がかわってきます。大原の朝市、知恩寺・妙蓮寺の手作り市、五条坂・清水焼団地の陶器市、下鴨神社・知恩寺の古本市、今宮神社・上御霊神社・豊国神社のがらくた市。うれしいことに京都ではさまざまな市が年中あちこちであります。

どの市もそれぞれに特色があり楽しめますが、欠かせない大きな市が二つあり

ます。一つは毎月21日に東寺で、もう一つは25日に北野天満宮で行われ、それぞれ「弘法さん」「天神さん」と呼ばれて親しまれている縁日です。植木や骨董、着物に漬け物。何でもそろう露店が境内のみならずその周辺道路まであふれ、掘り出し物をもとめてその道のプロもやってきます。とにかく楽しいので京都に来たら早起きして行ってみてください。

そうそう、話の順序が逆ですが、そもそも縁日は神社やお寺でお祀りされている神仏と通じ合う日。ご縁を結びに行く日です。この日に参拝すると特に、御利益があるとされる、ありがたーい日なのです。せっかくですから買い物だけでなくお参りもお忘れなく。是非。

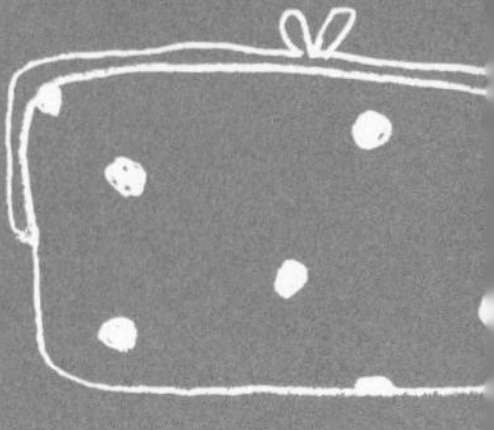

上七軒のおはなし

上七軒を歩けば
軒下に吊りさげられた
提灯が目に付きます。

上七軒

夕刻にもなれば
灯がともり、
花街の情緒を
より引き立てています。
提灯に描かれている
紋章は御手洗団子
なんですよ。

太閤の秀吉さんが催した
北野大茶会。
休憩所になった
七軒の茶屋から
名物の御手洗団子を
献上したところ
太閤さんに気に入られ
団子を商う特権と
法会茶屋株を賜りました。

祇園の花街にも
お団子をあしらった紋章があります。
花街の中で最も古い上七軒から
伝わったものだそうです。

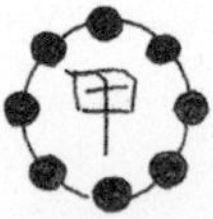

祇園甲部

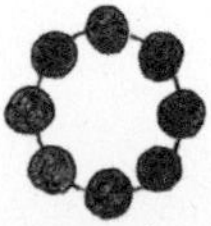

祇園東

をどりの時期

赤地に
白いお団子

普段の時

白地に
赤いお団子

針と糸になって歩こう

せんぼん
にしじん

庶民的な趣《おもむき》の商店街が続く千本通。

千度参り、針千本など、何でも千が付くとえらいことになりますが、ここは昔、蓮台野《れんだいの》という葬送の地へ至る道でした。供養のために卒塔婆《そとば》を千本たてたことから、この名で呼ばれるようになったそうです。もちろん今は卒塔婆はありませんが、かつて葬送する時に鐘を撞《つ》いていたという引接寺《いんじょうじ》・千本ゑんま堂があり、御堂の中から、ご本尊の閻魔様が商店街を行き交う人々を見守っています。

　以前こちらの庵主様をお訪ねして、この大きく威厳のある閻魔様の前でお話しする機会をいただきました。目の前には優しい笑顔、見上げると閻魔様の鋭いまなざしが光っています。対照的なお二人に何もかも見透かされているようで、いつしかとても謙虚で正直な気持ちになっていました。えんまさま、すごいです。

　私は、よくこの千本通を中心にうろうろと西陣を散策しています。西陣というと織物で有名ですが、その名の由来は応仁の乱の時に西の軍の本陣が置かれたことから来ています。この辺りも見どころのあるお寺やお食事処などがあり、時間があればゆっくり散策するのにとてもいいところです。西陣織の縦糸横糸のように細い路地がいりくんでいて活気があり、車で出かけたりするといろいろ気を使ってしまい、かえって疲れちゃいます。

　やっぱり、ゆっくり歩くのが一番ですが、目的地が細い路地のそのまた奥にあったりするので、今でもたまに迷ってしまうことも。そんな時は、すぐに開き直って、味わい深い町並や景色を楽しみつつ、なぜだか懐かしく感じる初めての道を、ぷらりぷらりと歩きます。

　暮らしにとけ込んだ神社やお寺は観光観光していませんが、それぞれに面白い謂《いわ》れ曰《いわ》くがちゃんとあって、そんな話についてご住職や宮司さんとやりとりするのもまた楽しいですよ。

　とにかくこの地域は繊細にくまなく歩く！　行き当たりばったりを愉《たの》しんだその先に新たな発見がある、そんな街です。

車の入れない
道は
かっさう
の
あそびば

千本通西側

引《いん》接《じょう》寺《じ》

通称 千本ゑんま堂

閻魔王がご本尊。
開基の小野篁《おののたかむら》はあの世とこの世を
行き来してゑんま様の手伝いを
していた人だそうです。

高さ2.4メートル
日本一大きい
ゑんま様

篁によるゑんま像は
応仁の乱で
焼失。
今ある像は
応仁の乱後
定勢《じょうせい》によって
つくられたもの。

ゑんま像も迫力がありますが
目を天井の方へやると
ゑんま様の目だけが
描かれている。
うす明かりの中、目があい
ドッキリ。

5月 ゑんま堂で行われる狂言は
壬生寺、嵯峨釈迦堂と ともに
京都の三大念仏狂言と
されています。

うそが大キライな ゑんま さまは
表裏のない こんにゃくが お好き。
節分には こんにゃくだきが
行われています。

舌の形のようなこんにゃく

「ゑんまさまのお目こぼし」

中味は小ぶりの「おかき」です。

300えん

千本通 東側

石像《しゃくぞう》寺《じ》
通称 釘抜《くぎぬき》地蔵

にぎやかな千本通から入り
山門をくぐると
大きい釘抜き、
赤い提灯に絵馬
お線香の煙は絶えることなく
エプロンをしたまま、
つっかけばきのまま
そんな人がぽつりぽつり
きれ間なくやってきます。
何とも言えぬ雰囲気の中
信仰が息づいているのを
実感する場所なのです。

釘抜きは
お地蔵様の象徴。
じっと
見ていると
お地蔵様の
お姿が
見えて
きます。

開基は
弘法大師。
大師が唐から
持ち帰った石を
自らの手で刻んだ
地蔵菩薩が
ご本尊。

苦しみを
抜き去って
くれる
お地蔵様は
年に二回
ご開帳
されています。

ご開帳 2月2・3日
8月22・23・24日

堂本印象さんが
奉納された
大きい釘抜きが
正面にあります。

願いが叶うと
奉納される
釘抜きと
八寸釘の絵馬。
地蔵堂の
まわりを
埋めつくしています。

毎月24日は
お地蔵様のご縁日
地蔵しるこがふるまわれます。
13:00 〜 14:30 ごろまで

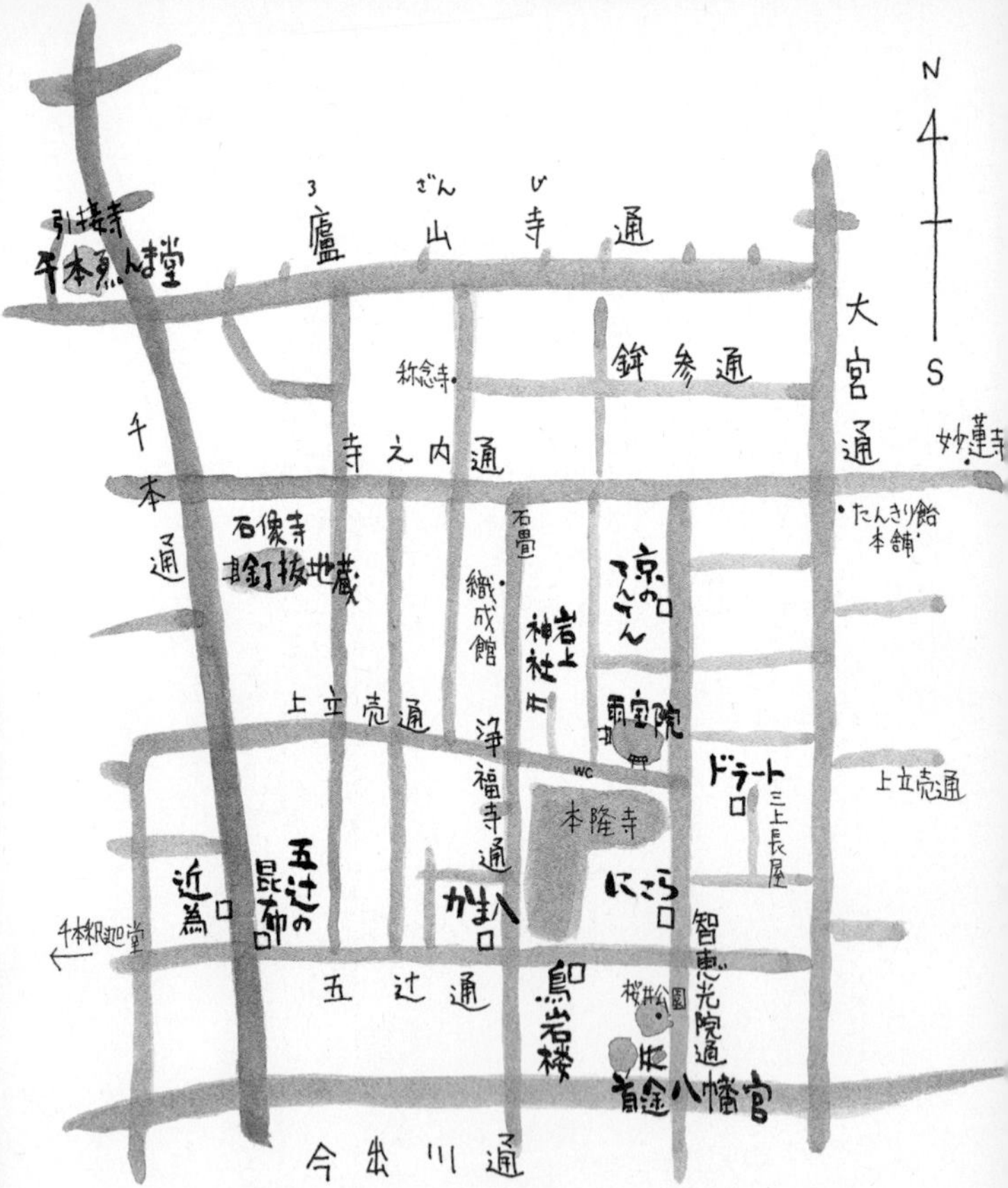
N
S
引接寺
千本ゑんま堂
廬《ろ》山《ざん》寺《じ》通
鉾参通
称念寺
大宮通
妙蓮寺
寺之内通
千本通
石像寺
釘抜地蔵
石畳
織成館
京のてんてん
岩上神社
たんきり飴本舗
上立売通
雨宝院
浄福寺通
WC
ドラート
三上長屋
本隆寺
上立売通
五辻の昆布
近為
かま八
にこら
千本釈迦堂
五辻通
鳥岩楼
桜井公園
智恵光院通
首途八幡宮
今出川通

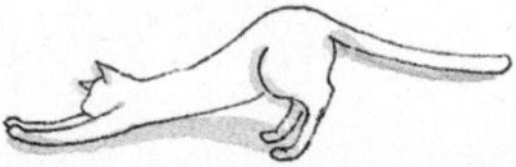

西陣界隈のろーじ

千本通から一本入ると
今は少なくなった糸屋格子が。
機織りの音が聞こえると
つい耳を澄ませます。
昔はそれこそ雨の音のように
聞こえたようです。

切子‥‥格子の上部が一定の長さで切られているもの。

「糸屋格子」は
色ものを扱う織維業界の
店に使われた格子。
切子の数は
織屋さんは4本
糸・紐屋さんは3本
呉服屋さんは2本と
お商売に応じ
光の取り入れの調整が
されているようです。

西陣には細い路地がいっぱい

町家の軒下には
植木が大切に
育てられていて
ほっとします。

岩《いわ》上《がみ》神社
（岩神祠《いわがみのほこら》）

寺之内通から
浄福寺通を南へ
石畳の道

街灯のかたちがおもしろい

母乳の出が良くなる
ご利益があるそうです。

もと二条堀川のあたりに
あたのを御所に移したところ
怪異がおこり
ここに移されお祀りされた
岩神寺がはじまりで
天明の大火でお堂だけが
残ったが明治に廃絶し
今は巨石のみが
残っています。

本隆寺さんの
北塀ぞいの細い道が
とっても好き。

雨宝院南門ごしの
北塀も
美しいです。

雨《う》宝《ほう》院《いん》

弘法大師開基のお寺。大師が造った歓喜天像がご本尊です。(大聖歓喜天)西陣の人から「聖天《しょうてん》さん」と呼ばれ親しまれています。

上立売通智恵光院西入ル

雨宝院の提灯がゆらりゆらり風にゆれている思わずさそわれ入ってからその佇まいが大好きになったお寺です。

時雨松や歓喜桜が有名ですが、他にも季節の植物がたのしめます地下水で水やりをされる副住職さんの姿をよく見かけます。

しばらく出していると冷めたくなってきます

南門横に西陣五名水の一つ「染殿井」があります。ポンプでくみあげられていますが生で飲むことはできません。

観音堂の千手十一面観音様は平安初期のものでまず観音様をお参りしてから歓喜天様をお参りする順序が良いそうです。

観音様の拝観は500えん

京のてんてん

西陣本店
10時〜18時
無休

「てんてん」とは
京ことばで手拭いのこと。
築120年の町家に
色とりどりの手拭いに
手作りされた
巾着やティッシュケースと
小物がたくさん並んでいます。

靴をぬいで
ゆっくり
品定め。

プチてんてん　525えん

端ミシンがしてあって
ハンカチのように使えます。

手拭いの巾着に
入った 入浴剤
367えん

使い終わったら
自分でぬかを
入れたりして
使っています。

お散歩する時
手拭いは
とっても便利

カゴタイプの
バッグに
かけておくと安心

ペットボトルに
まけば
水滴予防

突然
銭湯に
行きたくなっても
手拭いが
あればGood.

豆しぼり

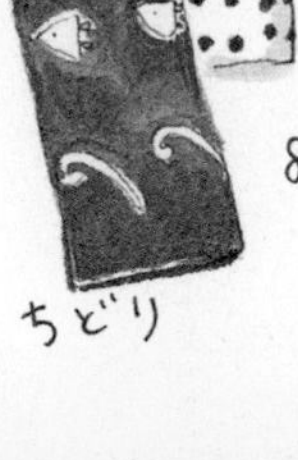

手拭い
840えん

ちどり

柳に格子の手拭い

1260えん

三上長屋という路地

（路地のどんつきが三上家）

三上家は朝廷や将軍家の織物御用をつとめた御寮織物司六家の一つで唯一残るおうちです。

三上長屋の奥
蜂蜜専門店

ドラート

13時～18時
木曜休み

家に少しずつあつまってきたドラートさんのビン

宝石のように蜂蜜が並んでいます。

女性の店主さんが各地の養蜂農家へ足を運んで仕入れられる。桜やみかんなど季節の新鮮な蜂蜜を好みに応じて教えてもらえます。

試食をすすめてもらえるのでじっくり好みをセレクトできますよ。

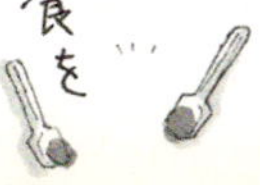

カナダ産クローバー250g
1400えん

クローバーのはちみつはミルクティなんかに入れるととにかくしあわせ♡

智恵光院通 今出川上ル

首途《かどで》八幡《はちまん》宮《ぐう》

(「首途《かどで》」とは「出発」の意味)

祭神は
全国の八幡宮と同じ
応神天皇、比売《ひめ》大神、神功《じんぐう》皇后
昔、大内裏《だいだいり》の北東に位置し
王城鎮護の神とされ
「内野八幡宮」と呼ばれていた。

伝承によれば この地は
源義経を陰でささえた
金売吉次《かねうりきちじ》の邸跡で
その邸内の鎮守社と
伝えられ、義経が
道中の安全を祈願し
奥州へと旅立った由緒から
「首途八幡宮」と
呼ばれるようになったそうです。

16歳の
牛若丸

旅行安全の
鳩守り

500えん

八幡さまのお使いの
福鳩が
あっちこっちに

智恵光院通の
見過ごしてしまうような所に
ポツリとあります。
鳥居をくぐり
石段をあがると
本殿があり
お参りをした後、
振りかえると西陣の町並が
少し見わたせることに
気づきます。

神社の北側の公園

桜井公園に
西陣五名水の一つ
「桜井」が
憩いの水として復元
されています。

「桜井」は 首途八幡宮の社務所内に
あったと伝えられています。

蕎麦屋
にこら

町家が改装された
店内はとてもシンプルで
モダンな空間です。
ニコラ・ド・スタールの
絵が飾られています。

11 時 30 分～ 14 時 30 分 (LO)
17 時 30 分～ 20 時 30 分 (LO)
水曜・第 3 火曜休み

お蕎麦本来の香り、甘みのために
石臼で自家製粉した
粗挽き蕎麦は
あたたかいのも、冷めたいのも、どっちも
美味。

夏の
メニューの
京鴨の
つけ汁
ざるそば

1400えん

アーモンドパウダーが
使用されている
店が多い中、
ご主人が
あんずの種の中の
仁《じん》を石臼で挽いて
つくられる味は本物。
そば蜜が大人の味で
おすすめです。

私の大好きな
デザート
仁《じん》挽き
杏仁豆腐
そば蜜シロップ

400えん

五辻通 智恵光院 西入ル

鳥《とり》岩《いわ》楼《ろう》

お昼にお座敷でいただく親子丼がおすすめ。

靴をぬぎ中庭を通り奥の二階に通される感じがワクワクします。

12時～14時(親子丼)
木曜休み

たまごがトロトロでおいしいです。

白濁した濃厚なスープが付いています。

お昼
親子丼 800えん

五辻通浄福寺西入ル

かま八老舗

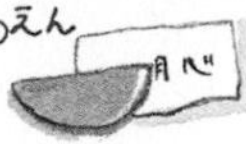

160えん

生姜風味のどら焼きが人気のお店。（5〜9月は売られてない）

私は黒豆あん入りカステラが好きです。

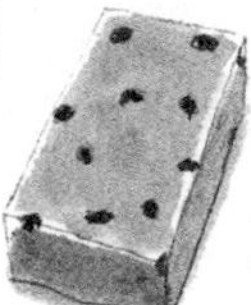

550えん

店内にはお菓子の木型が並べてある

8時30分〜18時30分
日曜休み

千本五辻の東北角にある

五辻の昆布

昆布屋さんだし昆布はもちろんいろんな昆布があり行くたびにたのしめるほど種類があります。

525えん

9時〜18時
（祝日は17時まで）
日曜休み

うさぎや星にハート型のおやつ昆布はかわいいしおいしい。

チャンス

時々お徳用の型ぬき跡の方が売られていますよ。

千本通五辻上ル

京つけものの老舗

近為

近為さんに行った日の晩はお茶漬け三昧です。

姫筍というおつけものが好き。

細竹の新芽だけでポリポリとおいしい。

お茶漬け席が設けられており2名以上で予約すればいただけます。

2100えん

●9時30分〜17時30分
無休
●お茶漬け席11時〜14時
水曜・12月休み

かたわらのおはなし

日本中どこの地域でも必ず言い伝えや伝説がありますが、京都にはそれが数えきれないほどあります。口から口へと伝えられた「おはなし」が、町のあちこちにひそみ、人の心の中に見え隠れします。

それは不思議な話、怖い話、かなしい話等さまざま。散策に出かける前にはその周辺にある寺社や土地のことをちょっと調べてから出かけます。何かを見つけるきっかけになるし、そんなふうにしているとなぜか、居合わせた人から面白いお話を聞けたりするのです。足もとの風化した小さな石碑が、とても素敵なお話の語り部になるかもしれません。

気になるお話を聞くと、その舞台を見たくなって、縁《ゆかり》のお寺などによく出かけます。いつもと違って普段は見ないような所まで拝見したりするので、まず気をつけるのがお参りです。きちんとお参りをすることで、気持ちよくおじゃまできます。中には「こわい」神様もいらっしゃいますしネ。お坊さんにもご挨拶。まあ普通にちゃんとしていれば大丈夫。

古いお寺や神社は、小さな所でも何かしら曰《いわ》く話を持っていたりします。もし気になることがあったら、おもいきって尋ねてみてください。きっと優しく教えてもらえます。ひょっとしたら、誰も知らなかったすごい「おはなし」に出会えるかもしれませんよ。

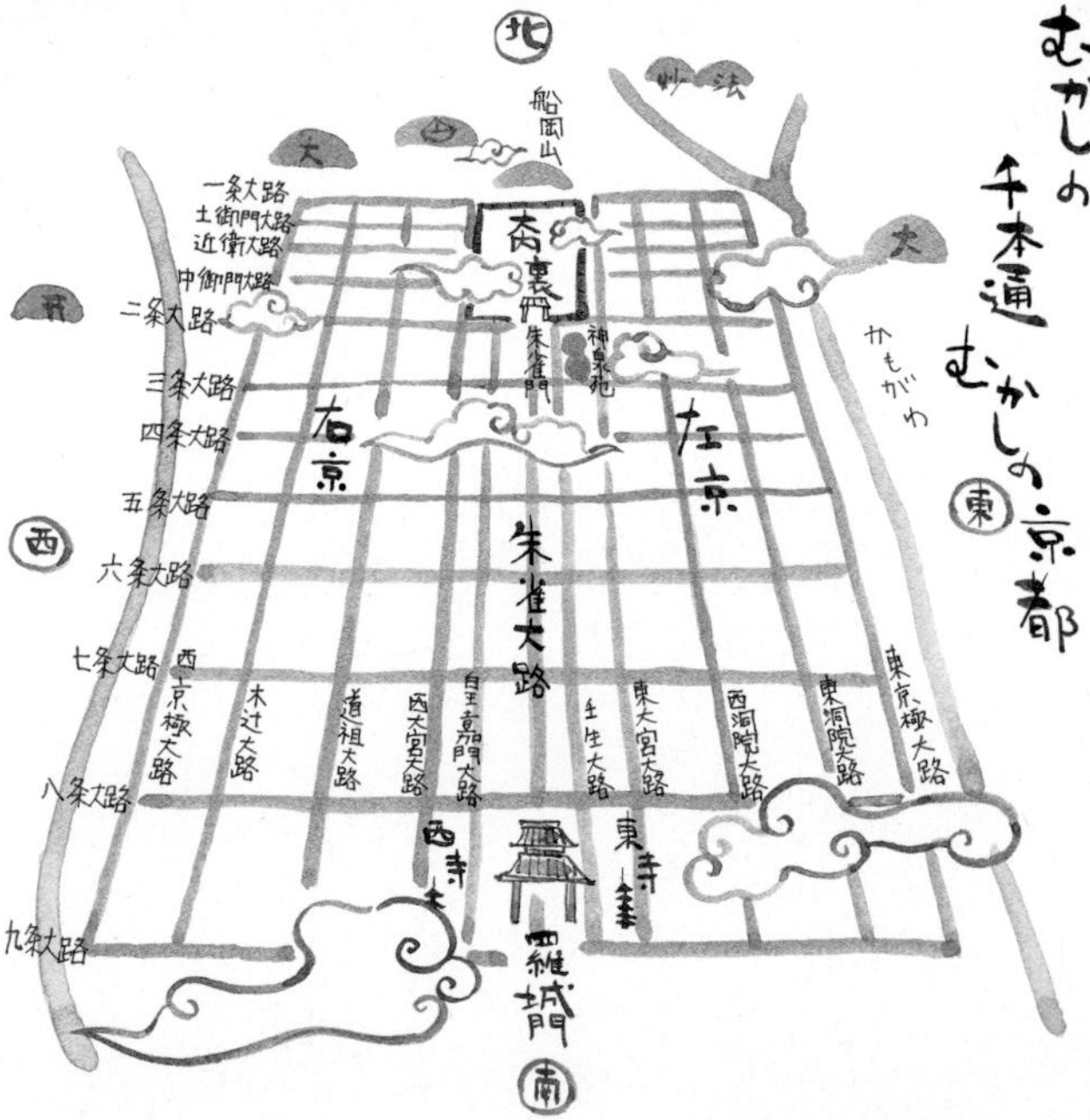

今の千本通は、
一二〇〇年まえの平安京では
朱雀大路とかさなり
南端の入り口、羅城門から
大内裏へと向かう
メインストリートでした。

道幅は、なんと
八十五メートルも
あったそうです。
朱雀大路を中心に
東に左京、西に右京とされ、
縦横に大路、小路が走る
平安京を形作っていました。

山の中の石畳を歩く

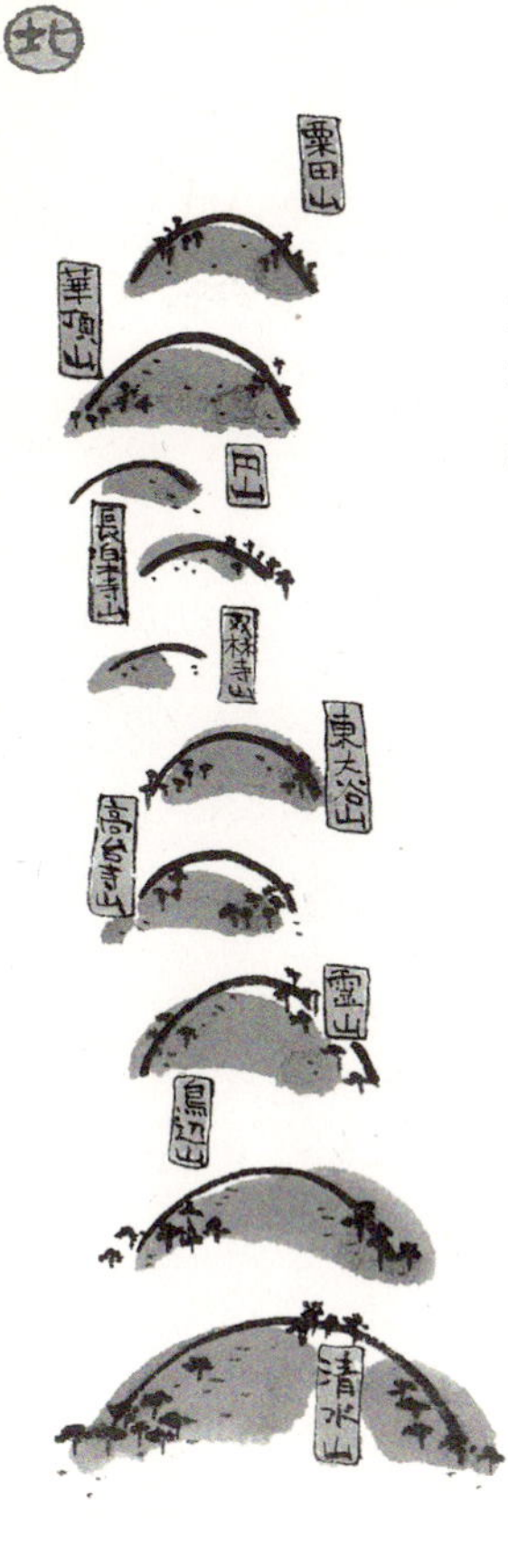
北
粟田山
華頂山
円山
長楽寺山
双林寺山
東大谷山
高台寺山
霊山
鳥辺山
清水山
南

平安神宮の朱色の大鳥居から続く神宮道。三条通を渡り、ゆるやかな上り坂の先に、青蓮院《しょうれんいん》と樹齢数百年の大きな楠《くすのき》が見えてきます。夏の日などに、木漏れ日の中からこの老木を見上げると、大きく広げた枝が優しく包み込んでくれるよう。昔からずっとここに立ち、一年中青い葉を蓄えて、「変わらない」という安心感を与えてくれる歴史の生き証人。いつも立ち止まって、心の中で挨拶します。

道なりにさらに進むと知恩院《ちおんいん》さん。本堂へ続く、木々に囲まれた石段の途中に有名な三門があります。この門は現存する木造建築としては最大。本当に立派な門で、近くに立つとすごい存在感です。

ひがしやま

振り向くと風が気持ちよく、つい腰を下ろして、ひとやすみ。試練とも思えるきつい石段を登り切ると、雄大な境内が広がります。ゆっくり見て回るといろいろな発見があって面白いのですが、私は、いつも三門の下に立って吹き抜ける山の風を感じるだけで満足してしまいます。

石段を降りてまっすぐ坂を下ると、祇《ぎ》園《おん》花《はな》見《み》小路《こうじ》に続く白川《しらかわ》に出ます。小さな川の両岸に並ぶ柳が、水の流れに合わせるように枝を揺らし、何ともいえぬ風情があります。そして目を引くのが行者橋《ぎょうじゃばし》という小さな橋。切り出した石を無造作に組んだような、細く素朴な橋です。人一人やっと渡れるような橋ですが、見た人はつい渡りたくなる不思議な橋です。

　知恩院に戻り、南門を出ると円山《まるやま》公園、さらに八坂《やさか》神社へと至ります。八坂神社は、をけら参りや祇園祭で知られ、親しみを込めて祇園さんと呼ばれるお社。大勢の神様が祀られていて、特に女性に力を貸して下さる心強い神様も…。私も祇園の女性に倣《なら》い、お参りをしています。

　八坂神社から清水方面へは、よく見る西の楼門ではなく、南の正門と鳥居をくぐります。この先は京都らしい路地や景色が多く、特に石塀小路《いしべこうじ》あたりは建物と石畳がうまく調和して独特の趣《おもむき》があります。八坂《やさか》の塔《とう》周辺も素敵ですね。少しずつ坂道もふえ、実はとっくに山の中腹にいるのですが、道の造りに工夫があるのか、そんな気がしないのが不思議。

　このあたりは、皆が京都に求める風情があって、時には坂道から人があふれ出すほどの人気……。そんな時は人混みを避け、少し道をはずれるのも◎《マル》。静かな山の中に点在する、派手さはないけれど味わい深い名刹古刹を訪ねると、あらためて東山の懐の深さと魅力を感じます。
　けれどやはり名所も捨てがたい。そこで先人の求めた、東山本来の姿を味わうためにお勧めするのは、静かな早朝や雨上がりの夕方です。切り絵のような五重の塔、濡れた石畳に夕日や灯りがうつり、
「あぁ、やっぱり綺麗やなぁ」

青蓮院の
大楠
暑い日も
寒い日も
ゆくくる人に
やさしい青を
うつしてる。

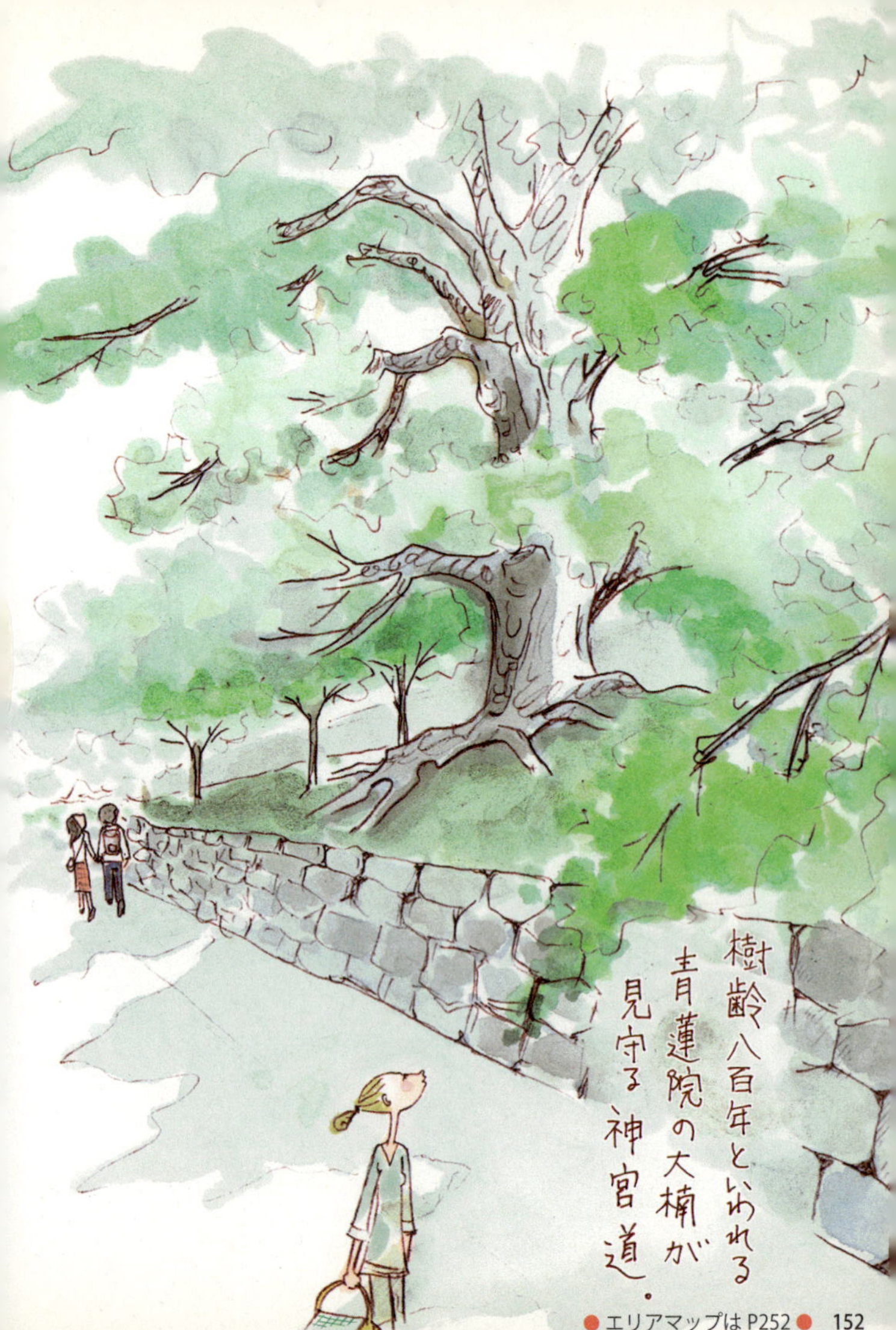
樹齢八百年といわれる
青蓮院の大楠が
見守る神宮道。

●エリアマップは P252●

青《しょう》蓮《れん》院《いん》

平安時代から続く門跡寺。
粟田山の山裾にあるので
「粟田御所」
ともいう。

入ってすぐの華頂殿からお庭が見渡せとても気持ちよくゆったりと過ごせます。

9 時 ~17 時
(16 時半受付止)
拝観料 500 円

相阿弥や小堀遠州の池泉回遊式庭園を歩いて見てまわれます
京都御所からご下賜の宸殿が中からも外からも拝見できます

私は最後に
鐘を一つ
撞かせていただいて
帰ります。

せーの

知恩院 三門

世界最大のスケールの
知恩院さんの三門
空・無相・無作 の
三つの教えを表す。

人が少ない時は
門の下で
つい ゆっくり
してしまいます。

知恩院

浄土宗の総本山
年末になると僧侶が
17人がかりで鐘を撞く様子が
必ずニュースで流れます。
三門からさらに上にあがると
境内は広大で、御影堂や
阿弥陀堂、鐘楼など
見どころもたっぷりですよ。
知恩院さんは
上へ行くほど静かです。
三門の下は
不思議な安心感があります
山からの風が
ここちよく
三門を通りぬけます。

9時～16時30分
(16時受付止)
拝観料400円

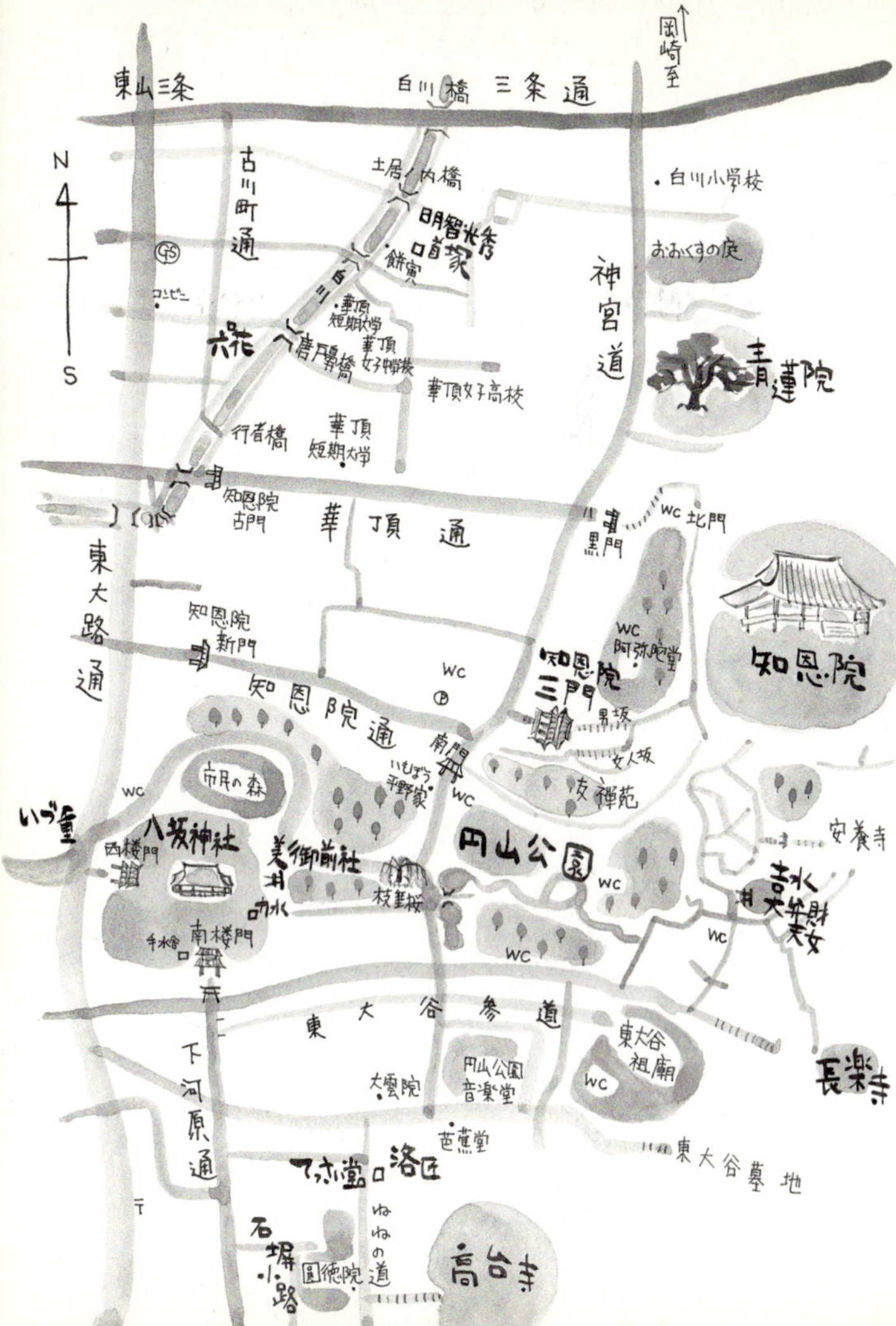

東山三条
白川橋
三条通
岡崎至
N
S
古川町通
土居ノ内橋
白川小学校
明智光秀首塚
餅寅
おおくすの庭
GS
コンビニ
白川
華頂短期大学
神宮道
六花
唐戸鼻橋
華頂女子中学校
華頂女子高校
青蓮院
行者橋
華頂短期大学
知恩院古門
華頂通
黒門
WC
北門
東大路通
知恩院新門
阿弥陀堂
知恩院三門
知恩院
知恩院通
P
男坂
女人坂
南門
いもぼう平野家
友禅苑
市民の森
いづ重
八坂神社
西楼門
美御前社
円山公園
安養寺
枝垂桜
吉水弁財天女
南楼門
手水舎
東大谷参道
東大谷祖廟
長楽寺
下河原通
大雲院
円山公園音楽堂
芭蕉堂
東大谷墓地
てっさい堂
洛匠
石塀小路
ねねの道
圓徳院
高台寺

神宮道から西へ
白川沿いの柳並木の道
私の好きな場所の一つ。

行《ぎょう》者《じゃ》橋《ばし》

行者橋を渡る時は子供のころに戻ったような気がします。

知恩院さんの古門近くに石造りの簡素な橋が架かっています。比叡山、延暦寺の千日回峰を行う行者さんが渡る事から行者橋と呼ばれています。

白川橋から白川の流れに沿って歩くと東側に石碑。

その奥に光秀の首塚

光秀公

東梅宮
明智光秀墳

近江坂本へ逃れる途中、
小来栖の竹やぶで命を落とした光秀。
家来が首を抱え 知恩院近くまで
逃れたが この地で 夜が明けたため
やむなく、首を埋めたと伝える。

喫茶 六《ろっ》花《か》

ひとりでも入りやすくおちつくお店です

古川町商店街に目印の黄色の看板
ROKKA

こちらでいただくコーヒーは京都では知る人ぞ知るオオヤコーヒの豆です。

自家菜園されている野菜をつかったランチもいただけますよ。

美山の オオヤコーヒの 焙煎豆です

400えん

9時～18時
日・祝は11時～18時
水曜休み

円《まる》山《やま》公園

ここら辺の一帯は
平安期、ススキや真葛《まくず》が
生い茂り「真葛ヶ原」と
いわれていたそうです。

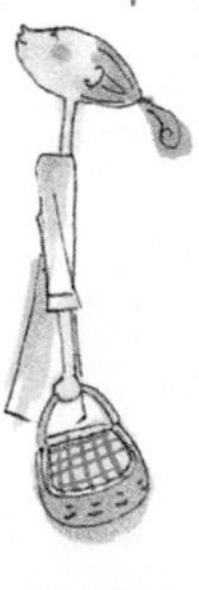

円山公園の
しだれ桜は
桜守、佐野藤右衛門氏の
先代が丹精込めて
育てあげられたもの。
夜桜がまた
美しいですよ。

いづ重

鯖寿司が有名なお店。
店内でいただくのもいいですが
私はいなり寿司やちらし寿司の
テイクアウトが気に入っています。

11時〜20時、水曜休み

こんな
お昼も
いいですよ

円山公園には
ベンチも
おトイレも
たくさんあり
一息つけますよ。

吉《よし》水《みず》辨《べん》財《ざい》天《てん》

「吉水《よしみず》」とは元来土地の名前。
境内から湧いた霊泉の水が
とてもよい水なので
この名がついたそうです。

表に「辨財天尊」。
裏側に辨財天の宝冠の
白蛇であり使者とも
伝えられる
「宇賀神将尊」が
お祀りされています。

音楽、技芸、福徳、
財宝、縁を叶え
祇園の女性も
よくお参り
されてきた
ようです。

長《ちょう》楽《らく》寺《じ》

桓武天皇の勅命により
伝教大師(最澄)を開基として創建。
長楽寺山にある静かなこのお寺は
平清盛の娘、徳子が出家して
建礼門院となった地とも
いわれています。その後、
大原の寂光院へ移り住まれた。

9時～17時
木曜休み
拝観料500円

石段をあがった所に本堂、
平安の滝などあります。

八《や》坂《さか》神社

「祇園さん」と呼ばれ親しまれ
街中にあるにもかかわらず
とても神聖でパワーを
感じる神社です。
七月の「祇園祭」や
年越しの「をけら参り」で
知られています。
八坂神社のご本殿の下には
底なしの池があり
龍が住んでいるという
伝説があります。
ますますパワーを感じますね。

ご本殿は
拝殿と神殿を
一つの屋根で覆った
「祇園造り」
正式な入口は
南楼門です
そこに手水舎があり
清めて本殿へ

祇園さんで
ちょっときれいに
なりましょう。

力《ちから》水《みず》

境内東側に
「力水」と
呼ばれる
ご神水が
出ています
この水を
いただいてから
美御前社に
お参りすると良いそうです。

美御前社

美《うつくし》御《ご》前《ぜん》社《しゃ》

美女神の代名詞
宗像《むなかた》三女神が
祀られていて
昔から祇園の芸舞妓さんも
お参りされています。
身も心も美しく
なりたい女性は
丹念にお参りを…

美容水
美御前社の
「美容水」を
お顔に少しつけると
良いようです。

京都一大きな
祇園さんの南(正面)の石鳥居。

この道には昔、
高台寺から流れる
菊渓《きくたに》川や
清水音羽山から流れる
轟川などの
河原があったそうです。

そこから南へのびる道
八坂庚申堂までが
下河原通です。

下河原通に
石塀小路への
入口が
2つありますよ。

下河原、
阿月《あづき》

9時～18時
水曜休み

店名は
小豆にちなんで
付けられたとか
小豆にとっても
こだわったお店なのです。
私は焼きたての
三笠が大好きで
ふわふわ感ときたら
幸せそのものです。
そしてなにより
こちらの小豆が
おいしいですね。

御菓子司
鍵《かぎ》善《ぜん》良房
高台寺店

9時30分～18時(LO17時45分)
土日祝9時30分～19時(LO18時45分)
水曜休み(祝日の場合は翌日休み)

夏のお菓子だけれど
一年中食べたい
ここ鍵善さんの
「くずきり」。

高台寺店の方が好きでこちらによくおじゃまします

くずにつける蜜は
黒蜜と
白蜜が
あります
私は黒蜜が好きです。

くずきり
900えん

カタカタと器の中の
氷がゆられて
運ばれてくると心がおどる。
二段がさねの上段に蜜、
下段にくずきりが
涼しげに顔をのぞかせている
のどごしほんとによろしく
おいしいのです。

わざわざ通りたくなる路。

石塀小路

八坂神社の南楼門から
下河原通を南へ
左手に石畳の路が
ひっそりあります。
路地への入口は2ヶ所。

家と家の間を行く
不思議な気配のする
石塀小路の入口が好き。

石畳の一部は
かつての
京都市電の
敷石が使われて
いるそうです。

高台寺通（ねねの道）へと抜ける
石塀小路には料亭や旅館が多く
平日は静かなので
何度歩いても情緒的。

粋な
標識

静
石塀会

おしずかに

京都高台寺

洛《らく》匠《しょう》

9時30分〜18時頃
不定休

洛匠さんの草わらびもちは高級抹茶と上質のわらび粉を使ったもの。見た目にもぷるぷるでのどごしがツルリです。

奥にお座敷席があります

草わらびもち
ほうじ茶付き
650えん

庭園の池にりっぱな錦鯉が泳ぐ姿も見ごたえがあります。

てっさい堂

高台寺店

10時〜17時
年末年始休み

江戸、明治時代の版画や書画を扱うお店。小さなお店だけれどしつらいや入れてあるお花がいつ見てもとっても素敵。色彩の美しい木版画を見に時々足を運びます。

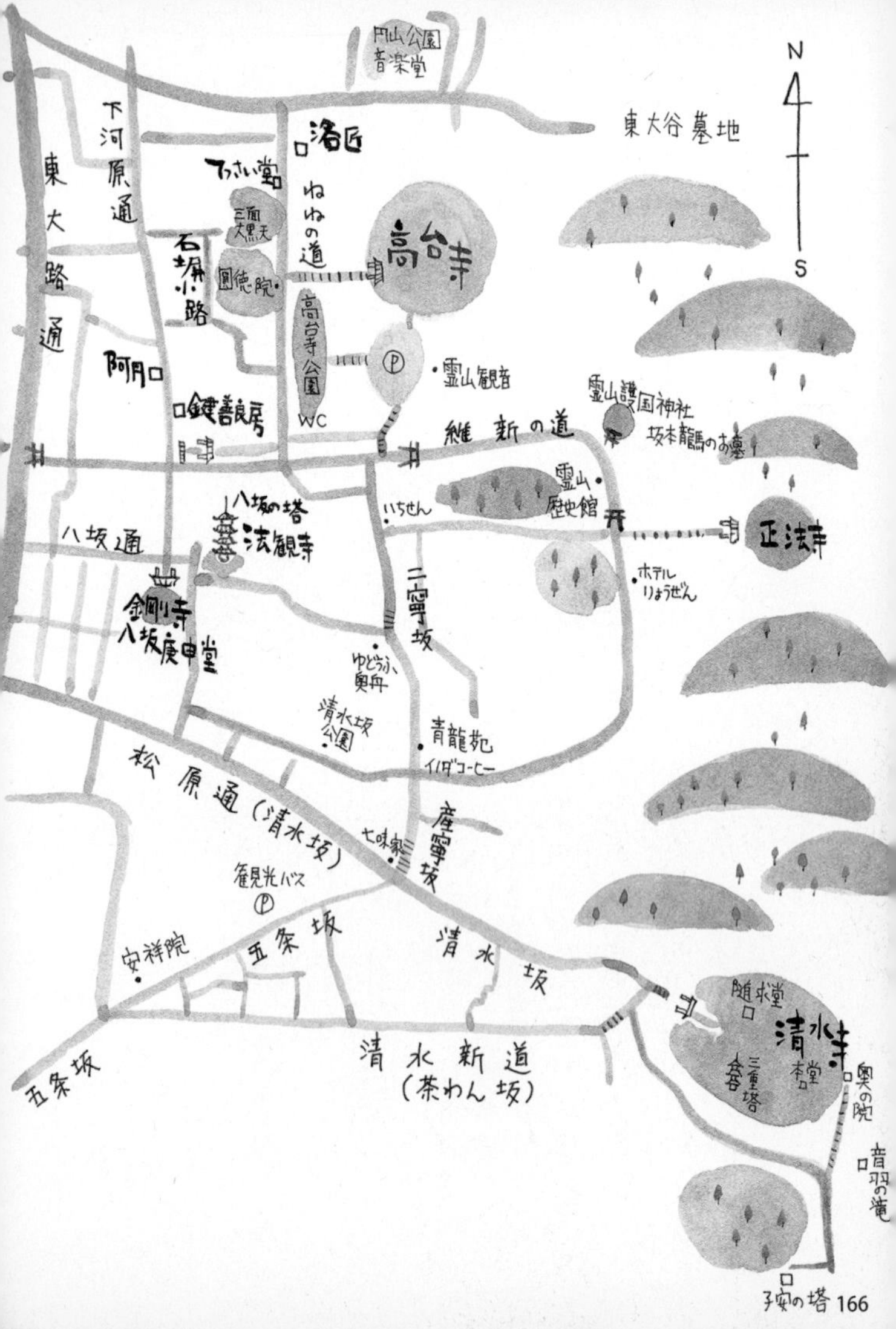
円山公園音楽堂
N
S
東大谷墓地
洛匠
下河原通
東大路通
てっさい堂
三面大黒天
ねねの道
高台寺
石塀小路
圓徳院
高台寺公園
阿月
霊山観音
鍵善良房
WC
維新の道
霊山護国神社
坂本龍馬のお墓
霊山歴史館
八坂の塔
法観寺
いちせん
正法寺
八坂通
ホテルりょうぜん
金剛寺
八坂庚申堂
二寧坂
ゆどうふ奥丹
清水坂公園
青龍苑
イノダコーヒー
松原通(清水坂)
産寧坂
七味家
観光バス
安祥院
五条坂
清水坂
随求堂
清水寺
本堂
三重塔
奥の院
清水新道
(茶わん坂)
五条坂
音羽の滝
子安の塔

高《こう》台《だい》寺《じ》

豊臣秀吉の妻ねね(北政所)が秀吉を弔うために出家して高台院湖月尼となり秀吉が眠る東山の阿弥陀ヶ峰の麓《ふもと》に建てたお寺。

秀吉とねねの城であった伏見城の殿舎が移築された豪華なこのお寺は徳川家康が政治的な思惑により多額の援助をしたものだそうです。その後、たびたび火災にあったといいます。

臥《が》龍《りょう》廊《ろう》

開山堂とねねさんの眠る霊屋《おたまや》を結ぶ階段になった回廊「臥龍廊」のあたりが好きです。山から吹く風が臥《が》龍《りょう》池の水面をゆらし気持ちいいです。

9時～17時
拝観料600円

二寧坂から東へ

八坂の塔を背に
坂道を登り さらに山寺に続くなが～い石段。
息も絶えだえ霊山《りょうぜん》の中腹にある
正法寺さんへ

石段の参道を登りきると
一本杉が出迎えてくれます。
この杉は長い間
京都の街を
見守ってきたんだろうな。

霊《りょう》山《ぜん》 正《しょう》法《ぼう》寺《じ》

正法寺の上に広がる
山の姿がお釈迦さまが
説法をした「霊鷲山《りょうじゅせん》」に
似ていたことから
霊鷲山、霊山《りょうぜん》と
山号がついたそうです。

一気に石段を登り
後ろを振り返ると息をのむ。
京都を一望できる
これほど静かな場所は
そうはありません
私にとって心を洗いに訪れる
静かな山寺です。

かつて
ここから望む
すばらしい景色を
極楽浄土に
見たて
平安貴族たちが
集ったそうです。

正面に広がる
西山を見つめて
いると西方の
浄土がぼんやり
わかる気がします。

本堂横手には
更級日記に
出てくる
鏡水の清水が
今も湧き出ている
そうです。

法《ほう》観《かん》寺《じ》

法観寺にある五重の塔は
「八坂の塔」と呼ばれ
この界隈のシンボルです。

拝観料 400 円
天気の悪い日や法要の日は
閉められています。

塔に登ることが
できます。
塔の中から
見る町並は
一味ちがって
オススメです。

建仁寺派の古いお寺なので
建仁寺さんで法要などが
あるとお休みになったりします。
聖徳太子が如意輪観音の
お告げで五重の塔を建て
法観寺と名付けたそうです。

金剛寺
八坂庚《こう》申《しん》堂《どう》

この界隈の名ともなっている「八坂」
この名は八坂《やさかの》造《みやつこ》という渡来人たちが
暮らし、八坂郷と呼ばれていた
その八坂の地に、ポツリと
秦氏のお寺があるのも感慨深いです。

ご本尊は青面《しょうめん》金剛《こんごう》。
飛鳥時代、秦河勝が
秦氏の守り本尊として招来。
一般の人々にもお参り
できるようにと
このお寺を建立されたそうです。

境内や
本堂にある
お守りのくくり猿は
昔は魔よけの色の
赤だけだったそうです。
今はとってもカラフル
5コで五猿→ご縁
9コで九猿→苦が去る
など数で願う
意味がちがう
ようです。

冬をたずねる

冬になると楽しみにしていることが、いくつかあります。ひとつは酒粕《さけかす》。毎年、酒屋さんの軒先に並ぶのが待ちきれません。京都の酒蔵がおいしい水で作った芳醇《ほうしゅん》なお酒、その過程でできる、絞りたての香り豊かな酒粕は、私の大好物です。

底冷えのする京都の寒さを敬遠される方は多いですが、そんな気候だからこそ味わえる魅力もあります。例えば食べ物。身体を温める粕汁は、寒さあってのごちそうです。すぐき漬、千枚漬も冬限定。蒸し寿司もいいですね。かぶら、大根、ネギなど、京の冬野菜は絶対おすすめ。

食べ物ばかりではありませんよ。白い息

をお供に、人気《ひとけ》のないお寺や神社周辺の散策も好きです。ご本尊と一対一で向き合って静かに過ごす。そんな時は格別なすがすがしさがあります。背筋が伸び、ふと顧《かえり》みて、謙虚な気持ちになったり……。雪の日は、静寂が支配する別世界。参道やお庭には冬ならではの風情が漂い、御堂に座って眺めていると、寒さを忘れ、幽玄の世界へ入っていきます。澄んだ空気の向こうには、飾らない素の京都が見えてくる。冬はそんな季節かな。

　とはいえ、やっぱり寒いです。凍った身体を暖《あった》めなくては。白《しろう》なったお庭でも観ながら湯豆腐にしよか？　いや、鴨なんばかな。あっやっぱし、かぶら蒸しに……。

　冬の京都は最高です。さぶいけど……。

清水寺できれいさっぱり新しい自分へ

舞台だけじゃない清水寺

仁王門をくぐり三重の塔の右手

随求堂《ずいきゅうどう》　胎内めぐり

随求菩薩の胎内に見たてられた
御堂の下に降りて、
真っ暗な空間を巡り、参拝します。
真の暗さは本当にこわい。
やがて五感を使って
前に進んでいる自分に気づく。
その先にぼんやりと明るい
随求石が見え、ほっとする。
石を三回まわして拝むと
願いが叶うそうです。
そしてまた暗闇のなかへ。
出口の光を見た時は
何かしら生まれ変われた気がして
不思議と清々しくなります。

奥の院の裏手

濡れ手観音

清水寺の名の由来ともなっている
音羽の滝。
その滝の水源の真上に湧き出る
「黄金水」を観音様にかけると
自分の煩悩、罪障が
洗い流されるという。
特に女性守護。

本堂の

観音様

清少納言も参拝していた
十一面千手観音菩薩に
お参りして帰る。
あらゆる手を尽くして
必ず救ってくださるそうです。

垣間見る表と裏

ぎをん まつばら

京履物

花見小路通は、紅殻《べんがら》の塀と石畳、犬矢来《いぬやらい》などが花街らしい祇園の顔です。

花街と云ったら舞妓さんや芸妓さん。私にとっても馴染みはあるけど、やはり非日常的存在です。ですから雅《みやび》な着物に白塗りの芸舞妓さんがスタスタ目の前を横切らはると、つい目で追ってしまう。やっぱり綺麗《きれい》でかわいい。立居振舞《たちいふるまい》も美しく、見えない努力をいっぱいして、伝統を守っているプロです。優雅に、でもあっという間に路地の向こうに消えていく。私も思わず、ウサギの後を追うアリスみたいに、芸妓さんの消えた見知らぬ路地に迷い込んでみたくなります。

祇園でおなかが減るとよく行くのが、おうどん屋さんや甘いもん屋さん。そんな普段使いのお店で、舞妓さんたちとお隣りさんになっておうどんを啜《すす》ったりするのもこのあたりならでは。時には素顔にゆかた姿なのを見て、当たり前だけど、彼女たちにも日常の暮らしがあるんやと妙に納得し、なぜかうれしくなったりも。

そんな花街とともにあるお店は、ほかにも、おこぼにかんざし、花名刺やお化粧品などの専門店と、みな個性的。食べ物も小さかったり細かったり、舞妓さんの上品サイズにぴったり。そこがまた変わってて面白いと思うのです。

華やかな花見小路を寄り道しつつ南へ歩くと、歌舞練場、建仁寺へと至ります。

※犬矢来・P184を参照してください。

建仁寺のゆったりした境内は、花見小路とは打って変わり静かな佇《たたず》まい。さらに南へ抜けると、また雰囲気が変わります。

独特の雰囲気は、あの世とこの世の境界という六道の辻がすぐそこにあるからでしょうか。松原通を六波羅蜜寺や西福寺、六道珍皇寺と訪ねると、小野篁《おののたかむら》が冥界へ続く井戸を通って閻魔様のもとへ通った話や幽霊の子育てなど、多くのお話を聞くことができる。物静かな通りにかずかずの古い歴史が語り継がれ、かつ絶品のお散歩路地も多い。好きです。

ここには、京都の人々の先祖や生き死にに対する考え方の原点があります。お盆の六道さん（六道参り）には、お精霊《しょうらい》さんを迎えるため、迎え鐘を撞きに人が集まります。鐘の音が途切れなく響く中、人が土に帰る様を描いた九相図《くそうず》や、地獄極楽絵を見ていると、忘れがちな大切なことを改めて考えさせられます。私も子供の頃、初めて見た時は衝撃的でかなり影響を受けました。単に先祖供養のイベントではなく、次の世代に必要な何かを伝える場でもあるようです。こういうことって今は誰が教えてくれはるのかしら。とても大切なことのように思います。

祇園の格子やのれんの向こう。松原の辻や線香の煙の向こう側。光と影のようだけど、どちらもよく見てみると、日頃見えていない物が見えてきそうです。

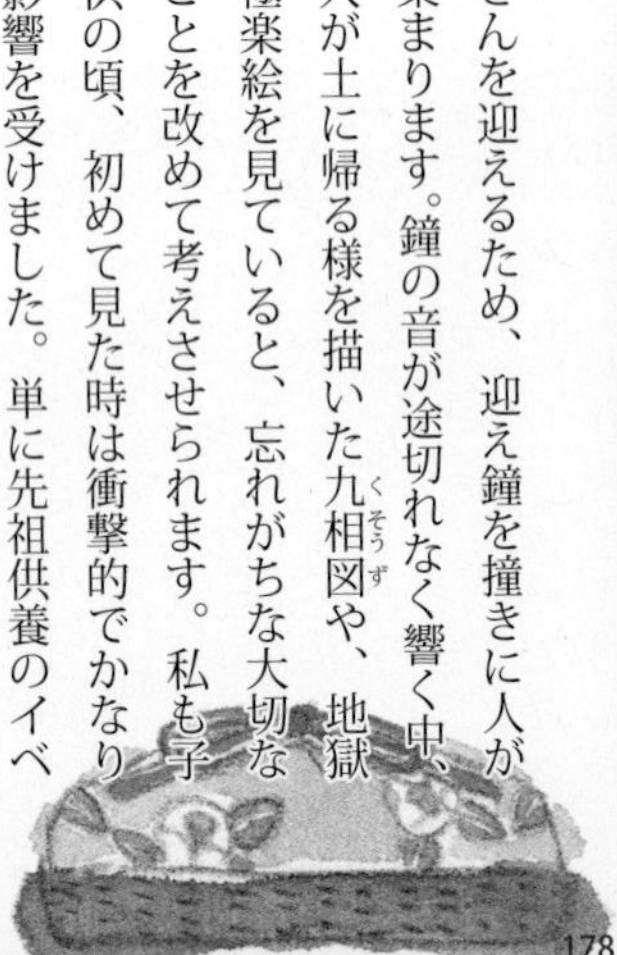

昼一息
祇園花見小路
あたり。

新橋通と白川南通が
あわさる所、祇園新橋。
白川にかかる巽橋。
そのたもとにある

辰《たつ》巳《み》大《だい》明《みょう》神《じん》

ここらへんには
昔、狸が出て
通りがかった人や
芸舞妓さんに
いたずらをして
困らせていたそうです。
その後、悪さを
しない代わりにと
小さな祠を建ててもらった。
今は ここで御祭神として
祀られています。
ご利益は技芸上達。

歌人、吉井勇が
歌を詠んだというお茶屋
「大友」の跡に歌碑があります。

新橋通
道の両側は昔ながらの
お茶屋街の
風情が残っています。

花名刺が所狭しと
貼られている辰巳大明神。
昔は芸舞妓さんが
お茶屋さんへ行く前に
必ずお参り
されたそうです。

甘《かん》泉《せん》堂《どう》

秋のお彼岸ごろから
店頭に並ぶ
「栗むし羊かん」
竹皮に包まれた
羊かんは
柔らかく
栗がたっぷり。
涼しくなってくると
これが
おめあてで
のぞきに行きます。

10時〜22時
日曜休み

にぎやかな
四条通北側
うっかり見過ごして
しまう細い路地

栗むし羊かん
（10月〜4月まで）

1575えん

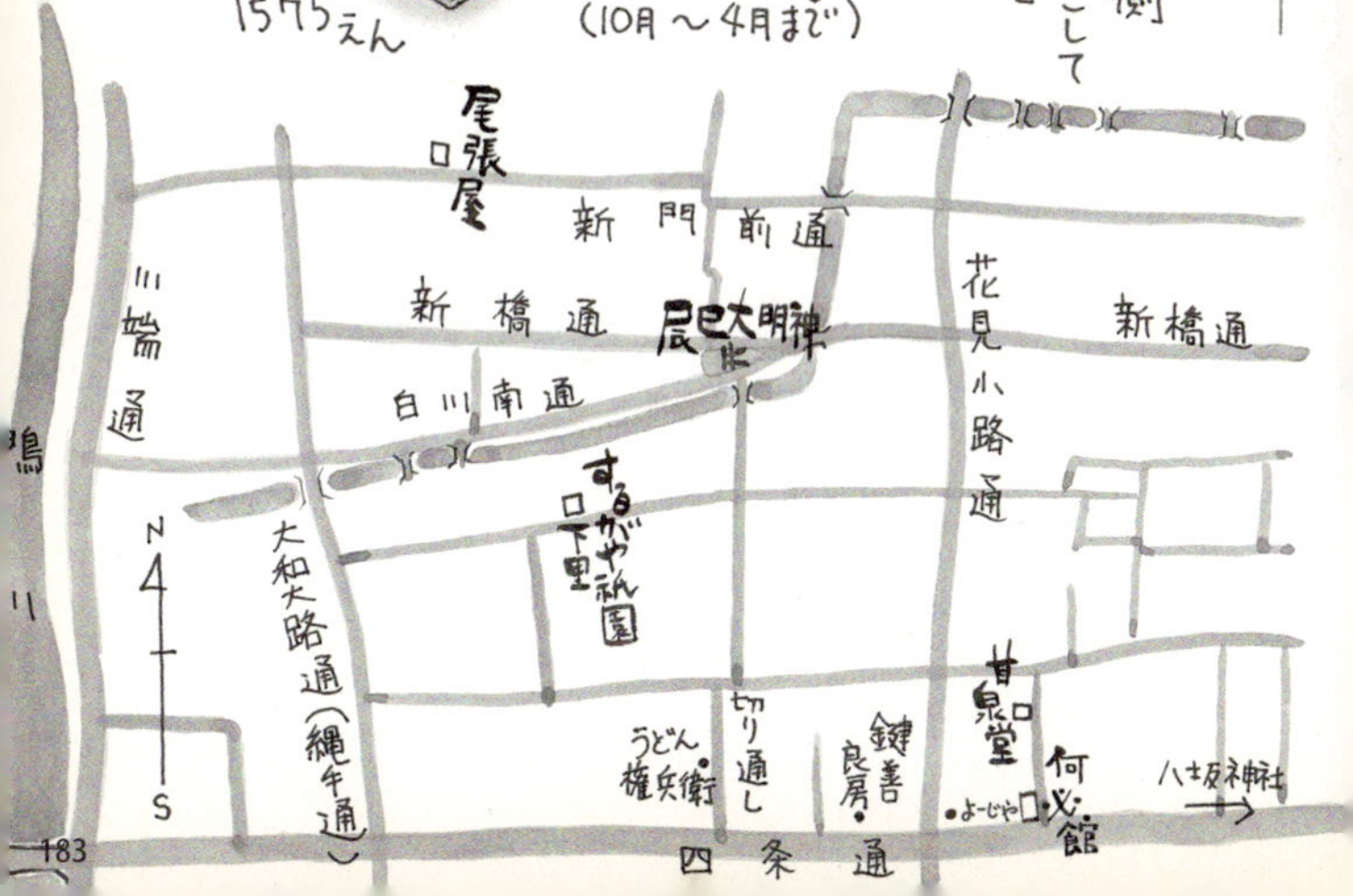

花見小路通

この界隈はお茶屋さん
置屋さんが多い。
まっすぐ南へ歩くと
祇園甲部の歌舞練場、
つきあたりに
建仁寺があり
とても華やかです。

花街の町家の
玄関口をよく見ると
鑑札があります。
この札があるお家が
お茶屋さんです。

また表札に
芸舞妓さんの
名前が揚げて
あるのが
置屋さんです。

犬《いぬ》矢《や》来《らい》

雨などの
はねかえりから
壁を守るための
竹製の囲い。

花街には町家が
多く立ち並び
昔からの外観の
特徴がよくわかります。

駒《こま》寄《よ》せ

馬に乗って来た
お客さんが
手綱を
つないで
おくための
ものだった。
人馬の
侵入を防ぐ
ための役割も
あったそうです。

虫《むし》籠《こ》窓《まど》

花街の二階は
お座敷が多く
すだれがきっちり
かけられているのが特徴。
他によく見るのが
低い二階の
塗り壁を格子状に
ぬいた窓。
虫かごのようなので
この名がついたようです。

祇きん 萬屋

12時～23時
日曜は16時まで
不定休

ここの生姜と九条ねぎがびっしりのったねぎうどんがおいしいです。

900えん

アイスクリーム 京きなな

11時～19時
（LO18時30分）

お急須付で お茶がついてくるのがうれしい

500えん

できたての「きなな」はゆで卵のように見え口あたりはホント なめらかです。

崇《す》徳《とく》天皇御《ご》廟《びょう》

平安末期、保元の乱で
後白河天皇に敗れた崇徳天皇。
讃岐国へ流され、45歳で
無念を残し崩御されました。

天皇の寵妃、
阿波内侍《あわのないじ》は
ここに遺髪を
納め弔った
そうです。

その後、
京では
怨霊神として
恐れられて
きましたが
実は女性に
とてもお優しい方
なのだそうです。

安《やす》井《い》金《こん》比《ぴ》羅《ら》宮《ぐう》

安井の金比羅さんと呼ばれるが
その前身は
崇徳上皇の鎮守社。
阿波内侍(烏丸殿)との
心安らかな日々を
奪われ嘆いた
上皇の想い。
それは
情愛に
苦しむような
悪い出来事を
なくし、
人を悲しみから
守る力、
悪縁を切る力と
なって現れています。

悪縁を切り
良縁を結ぶ。

形代《かたしろ》

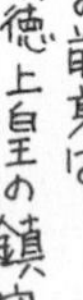

形代に
願いを書き
碑を正面から
くぐり
悪縁を切り
また
裏から
くぐって
良縁を
結ぶ。
そして
形代を貼る。

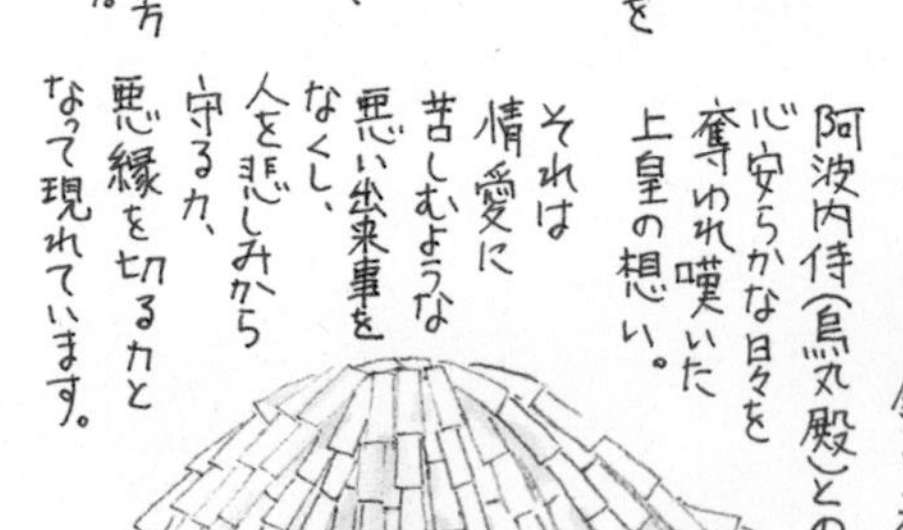

※上皇…天皇譲位後の尊称

恵《え》美《び》須《す》神社

日本三大恵びすの一つ。
商売繁盛と交通安全の神。

入唐(宋)の時に
海難に遭い
ゑびす神に助けられた
栄西禅師が
建仁寺建立の折、
まず「ゑびす社」を
守護神として
建てたのが始まりだそうです。
仏門に帰依していた
禅師ですがもとは
神官の一族の出身だったので
日本古来の神々も
尊ばれていたそうです。
明治の神仏分離まで
建仁寺とは一体でした。

えべっさんの
参拝いろいろ

二の鳥居にあるゑびす様の福箕《ふくみ》に
お賽銭を投げて上手く入ると
願いが叶うと
いいますよ。

十日ゑびすの時は
安全のため
はずされます

十日ゑびす大祭 1月8日〜12日
(初ゑびす)

そして本殿の正面から
まずお参りをして
左手に廻り
ゑびすさんの耳あたり、
お堂の横の戸を叩いて
お参りすると
ご利益があるそうです。

長寿な
ゑびす様は耳が遠い
そこで
耳元でお願い事を
聞いてもらう

トン
トン

肩を
叩くように
やさしく

建《けん》仁《にん》寺《じ》

日本最古の禅寺。
臨済宗建仁寺派の
大本山。
鎌倉時代
日本に初めて
臨済禅と
お茶をもたらした
栄西禅師が
開山のお寺。

詩文芸術に
秀でた禅僧を
輩出したので
「建仁寺の学問面《づら》」と
言われていた
そうです。

訪れると
ゆったりとした
気持ちにしてくれる
懐の深いお寺です。

10時〜16時、拝観料500円

俵屋宗達の風神雷神の図

小学生の時に博物館で観たのが初めての出会い。大人になって建仁寺で再会。「ここにあったものだったのね」と感動しました。本物は博物館に永久出張中だそうです。

祇園のまん中にあるのに境内はとても静かなのです。

ちみちみずいぶんのんびりしすぎでは…。
ペッタリ

花見小路から八坂通への抜け道としてよく通りますがの〜んびりとしている猫をよく見かけ本当、平和です。

松原通を大黒町通へ(南)
このあたりは明治のはじめまで
「十禅師の森」があり、この森で
かつて牛若丸と弁慶が
主従の契りを結んだといわれています。
今は森の痕跡もなく
寿延寺というお寺と
十禅大明神の碑が残るだけです。

寿《じゅ》延《えん》寺《じ》

山門に
赤い提灯。
細い石畳の
参道を
奥へ

寿延寺は
通称、洗い地蔵と
よばれ庶民の信仰を
あつめてきた。
明治から戦前にかけて
長蛇の列が
できたそうです。

洗い地蔵

洗い地蔵さんは、浄行菩薩という
法華経の教えを伝える
お釈迦さまの愛弟子、
四菩薩の一人。
水の神、水徳をもって
苦悪・邪心を洗い清めます。

バケツに
水をくんで
お地蔵さまの
頭から
水をかけて
タワシで
ゴシゴシ
ゴシゴシ

最後に
残した
お水を
頭から流し
顔をつたった水を
コップに入れて飲んだり
持ち帰ったり
するそうです。

寿延寺を南へ

大黒町通

おじき路地

大正時代に建てられた長屋。今、作家さん、アーティストさん日曜だけのパン屋さんと発見のある路地です。

革工房Rim《リム》

とっても素敵な女性が迎えてくれます。一点一点、彼女の手作業による革製品はシンプルでかわいいです。

coin case

Bag

色のとりあわせや細かなデザインに迷ってしまいますがお喋りしながら決めていくのがまたたのしいです。

Book cover

Pen case

土日のみ営業
13時〜18時

織布 Orife

オーダーもできる帽子屋さん中に入れば沢山の織の着物があり、それら大島紬や結城紬など品のいい生地でつくられたハンチング帽などはとてもおしゃれ。気さくな雰囲気と会話のなかお買い物をたのしめますよ。

Hat

Hunting

21、25日を除く土日のみ営業、11時〜18時

空也さんに逢いに

六波羅蜜寺《ろくはらみつ》

本堂の裏手
収蔵庫に

8時～17時
拝観料500円

思わず手があわさります。

空也がこの地に西光寺を建立したのがはじまり。
ご本尊は空也作の十一面観世音菩薩。

平安期、
高い身分の子といわれた空也上人
終生素性を明かさず
一生民衆のためにつとめ
人々から「市聖《いちのひじり》」と尊称されたそうです。

開運推命おみくじ

本堂上って左手
上を見ると「開運推命おみくじ」と
書かれています。
くじ棒で引くおみくじではなく
生年月日を告げ
中国古来の
推命学による
二月四日から
明年二月三日
までの一年間の
運勢を
教えてもらえる。
丁寧に
説明して
もらえます。

六波羅弁財天

本堂南、弁天堂の弁財天様は
都七福神の一つ。
愛別離苦(愛するものとも
何時かは別れなければならない)
怨憎会苦(いやな事にも
逢わなければならない)などの
苦から
弁天様にお祈りすることで
ときはなたれると
信仰を集めてきた。

お正月、三日間
空也上人伝承の
皇服茶(大福茶)が
いただける。
邪気払い
無病息災
ご利益のある
お茶。

お守り付きで
300えん

銭洗い弁天

本堂の北

弁天様は福徳の
神でもあるので
お金にも縁があります。
ザルにお金を入れ
清水で清め持っていると
金運がつくそうです。

万燈《まんとう》会《え》

空也上人により、
鴨川畔で行われた万燈会。
現在、精霊迎えの法要として
本堂にて密教の五大(地・水・
火・風・空)を表わす
「大」の字の燭台《しょくだい》に
火が灯されます。

燭台は
二重
土器《かわらけ》に
大豆油が
入り
灯芯は
紫蘇汁で
染められている

万燈会
8月8日～10日
午後8時から

松原通大和大路西入ル
御菓子司
松《しょう》寿《じゅ》軒《けん》

10時〜18時
日曜休み

お散歩の途中
お店の軒下に貼られた
お菓子名が書いてある
紙を見て
ふらりお店に
立ち寄ったりします。

花びら餅
和菓子の名は
季節感があり
とても粋で
ひかれます。

そうして
入ったのが
はじめてだった
松寿軒さんです。

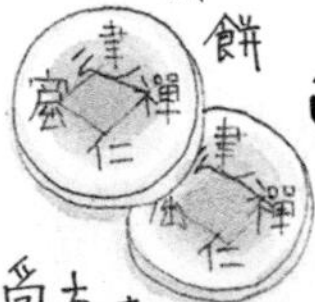
建仁寺
建仁寺

煎餅

季節
折々の
干菓子は
とても
美しいです。

秋の
干菓子

松寿軒さんは
建仁寺さんなど
お寺さんやお茶関係の
方からの注文を
受けてお菓子を
つくられています。

冬にいただいた
お菓子
雪の下に
赤い実を
のぞかせる
十両。

生菓子は
週ごとに
かわり
基本的に
受注販売
です。

奥様がとってもいい方で
明るく気さくに
お菓子の事などを
お話して下さいます。
松寿軒さんのお菓子は
ちょうどいい甘さで上品です
本当においしい…
それはご主人さんが
素材にこだわって
おられるからだと思います。

西《さい》福《ふく》寺《じ》

弘法大師、空海が自作の土仏地蔵尊を祀ったことに始まると伝えられるお寺。

入り口には「子育て地蔵尊」と書かれた提灯。
嵯峨天皇の皇后、檀林皇后が地蔵尊に我が子の病気平癒を祈願したことから付いた名。
地蔵尊の守護神として不動堂に末廣《すえひろ》不動明王も祀られています。

精霊迎えのころ（六道まいり）「六道十界図」や「九相図」などの寺宝が展示されるお寺です。

六道まいり　8月7日〜10日

六《ろく》道《どう》珍《ちん》皇《のう(こう)》寺《じ》

通称 六道さん
門前のあたりは この世とあの世の境域、
冥界への通り道
六道の辻と呼ばれています。

日中は学者官僚として内裏に
勤め、夜は閻魔大王に
仕えていたという小野篁《おののたかむら》。
その篁さんが
閻魔王庁へ行く
入り口の井戸が
珍皇寺に
残っています。

冥界入りする井戸が
六道の辻の珍皇寺にあり
冥界で勤め終え
この世に戻ってくる出口が
嵯峨大覚寺六道町に
かつてあった
福生寺の井戸
だったそうです。

迎え鐘

境内には
小野篁像と
閻魔大王座像が
祀られた
篁堂《たかむらどう》、その北側に
迎え鐘の鐘楼がある。
この鐘の音は冥土まで届き
亡者が音をたよりに
呼び戻される。
盂蘭盆会《うらぼんえ》に精霊を
迎えるために撞くことから
迎え鐘と呼ばれています。

中が見えない
堂の穴から
引き綱が出ているので
これを引き
鳴らします。

いつもは静かなお寺ですが
六道まいりの日は
朝から、迎え鐘が休むことなく
鳴らされ、門前には
高野槙を売る出店と
それを求める人でにぎわいます。
境内は六道絵（六道十界図）
が掲げられ
あの世を垣間見れます。

六道まいりのころの
提灯

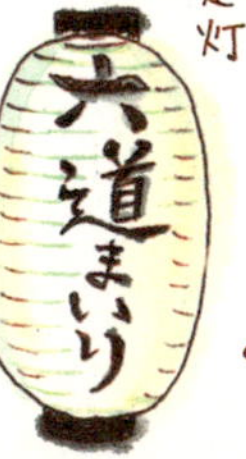

高野槙《まき》

本堂か経書堂で
亡き人の戒名を経木に
書いてもらい
線香の煙を経木と自分に
まぶし、迎え鐘を撞き
槙の葉で経木に
水をかけて水回向《みずえこう》を行う。
すると槙の葉に
亡者の霊が乗って
帰ってくるそうです。

六道まいり 8月7日〜10日

天ぷら

圓《えん》堂《どう》

建仁寺南門、勅使門の前の道が八坂通。東へ行くにつれ勾配が増してきます。

のれんをくぐり石畳をすすみます。

こちらでお昼にいただける天茶膳がおいしいです。海老の天ぷらもたっぷりのっています。

天茶膳

2100えん

カウンター席で気軽に天ぷらがいただけます。

11時30分～14時、16時～21時30分、無休

幽霊飴伝説

六道の辻のあたりに店をかまえていた飴屋のお話。身重のまま亡くなった若妻が亡霊となり、夜な夜な赤子になめさせるための飴を買いに来た、その後、鳥辺山の女の墓、棺の中から飴をしゃぶる赤子がみつかった お寺にあずけられた この赤ちゃんは後に高名な僧になったということです。

遅うに ごめんやす…

桜月庵

松原通東大路東入ル

外は人や車がけっこう通る道なんだけど 店内に入ると とても静か。

お茶室があり季節のお軸や書、画、器をたのしめ勉強になります。

10時～18時
月曜休み
（祝日の場合は営業）

格子のむこうがわ

町家の外観を特徴づけているもののひとつに格子があります。

格子は換気にすぐれ、ほどよい自然光を家の中に取り入れます。昼は、外から内部が見えにくく、中からは外の様子がうかがえるという優れもので、用心にもいいのです。

何気なく歩いていると、どの家の格子も皆同じに見えますが、よく見ると格子の太さや間隔《かんかく》、本数などが少しずつ違います。例えば木柄の太い格子は米屋格子や酒屋格子と呼ばれ重い米俵や酒樽が当たってもびくともしないようになっています。そう、その家の業種によって色や

素材、作りなどが異なっているのです。ですから昔は、格子の形を見てその家の商いを、あるていど判断出来たようです。他にも炭の粉がご近所に散らぬよう隙間《すきま》を少なくした炭屋格子。花街でよく見かける繊細な茶屋格子。呉服など繊維を扱う家の糸屋格子。麩屋格子、etc…。

　もちろん今は時代が変わり、格子だけでその家のお商売を判断は出来ません。でも古い歴史を持つ家の、かつての姿を知る手助けにはなります。

　人気のアクセサリーショップが入っている町家に、その昔、指輪やネックレスではなく、豆腐やゆば、こんにゃくが並んでいたのかなーっと、想像しながら歩くのも、ちょっと楽しいです。

六道の辻あたりのことのは

六道の辻は、鳥辺山の麓にあり葬送の地へ死者を送る冥界への入り口と考えられた場所。町名に轆轤《ろくろ》町とありますが昔、髑髏《どくろ》町だったのを江戸時代に改名されたという説もあります。

六道

人間の生前の善悪によって導かれる冥界のこと。天上・人間・修羅・畜生・餓鬼・地獄の六界に分けられる。

六波羅蜜

涅槃の彼岸に到達するために菩薩が修する六種の行のこと。布施《ふせ》・持戒《じかい》・忍辱《にんにく》・精進《しょうじん》・禅《ぜん》定《じょう》・智慧《ちえ》

鳥辺野《とりべの》

野辺送りをする地。棺に納められ鴨川を渡ってきた亡者に僧侶が引導を渡す。現在の轆轤町あたり。

お精霊《しょうらい》さん

先祖の霊のこと。

九相図《くそうず》

人の屍相の変性、九種を描いたもの。たとえ身分が高く美しくとも、人は等しく死を迎え、見る影もなく醜態をさらしやがて土にかえるという、生きるものの儚さを表現している。

ふだんづかいも、おつかいものも

御所南てらまち

寺町通は鞍馬口《くらまぐち》通から五条まで京都市を南北に縦断しています。かつて秀吉さんの命により、多くのお寺をここに集めたことからその名が付きました。今はお寺の数は減りましたが、なかなか味のある通りです。

長い道ですが散歩のコースとしては御所のある丸太町通から南へ、寺町通を中心に脇道にそれながら歩くのがお勧めです。骨董《こっとう》や着物、蒸し寿司やおそば屋さん、お茶にお菓子に京野菜、和紙に本屋にギャラリーに生活雑貨。京都の〝ええもん〟がいっぱいあります。オフィスビルや役所が近いので最近はおしゃれでお得なレストランも増えて来ました。昔か

らある古いお店と新しいお店、多種多様ですが、なぜか統一感があり、しっくりおさまっています。通りの所々にある老舗が「風が吹いてもとびまへんえ」と、文鎮《ぶんちん》のように京都の「ええとこ」を守ってくれているからでしょうか。

この辺りに来て、古いお店の引き戸を開け、店内に立ちこめる墨の香りをかいだりすると、美大で日本画を勉強していた頃のことをほろ苦く思い出します。貧乏学生で本当に必要なものしか買えなかった頃です。それでも手作りの墨や筆を専門に扱う老舗、和紙や骨董など、昔からあるいろいろなお店に行くと、そのたたずまいや品物、そこで働く人たちから、とても沢山のアイデアがもらえたので、ちょくちょく通っていたのです。

　アルバイト料が入ると「今日は買うぞ！」と、いざいざ出陣するのですが、はじめから買える物は決まっています。でも、良い物を目にするとつい恋心が出てしまって、手持ちと品物を見比べながら何十分も考え込んだりしていました。そんな時店員さんに声をかけられると、背中にどっと汗をかき、しどろもどろになって、結局何も買わずに店を出てしまったり。そんな性格だったので画材屋に限らず、どのお店も自分で勝手に敷居を高くしていました。いつかこんな墨や筆を贅沢に使ってみたいと憧れていましたが、けっきょく願いが叶ったのは社会人になってからでしたね。

　お買い物した帰りには、猫がのんびりしているような神社や御所のベンチで一息つくのが好きでした。気に入ったものを手に入れた後、そういった場所で過ごす夕暮れ時は何とも云えない時間です。

　今は、老舗でも初めてのお店でも内心おどおどしているのを悟られないくらいの度胸もついてきたので、ますます寺町が好きになりました。

　寺町に来たら一見、興味がないようなお店でもぜひ覗いて見てください、きっといろいろ発見があると思いますよ。

寺町
行くたび
いとしいもの
ひとつ
ふたつ。

御所南の寺町通

丸太町通から
寺町通へ折れると
下御霊《しもごりょう》さんの
朱色の鳥居が
目に入り
そこから続く
銀杏並木の気持ちの
いい通りです。

老舗がどっしり
ある中、カフェ、骨董
雑貨に食べもの…
魅力がいっぱいです。

● エリアマップは P254 ●

下《しも》御《ご》霊《りょう》神社

寺町通にひっそりたたずむ

ご祭神は早良《さわら》親王をはじめ、八所御霊《はっしょごりょう》をお祀りされています。上御霊《かみごりょう》神社とともに皇室の産土神として信仰されています。

社地は転々とし秀吉さんの都市改造の時、今の地に落ち着いたようです。本殿は仮皇居の内侍所、表門は旧建礼門を移築されたものだそうです。

しもごりょうさんの境内でおいしいお水がいただけますよ。

手水舎で汲みあげられたお水が蛇口からくめます。

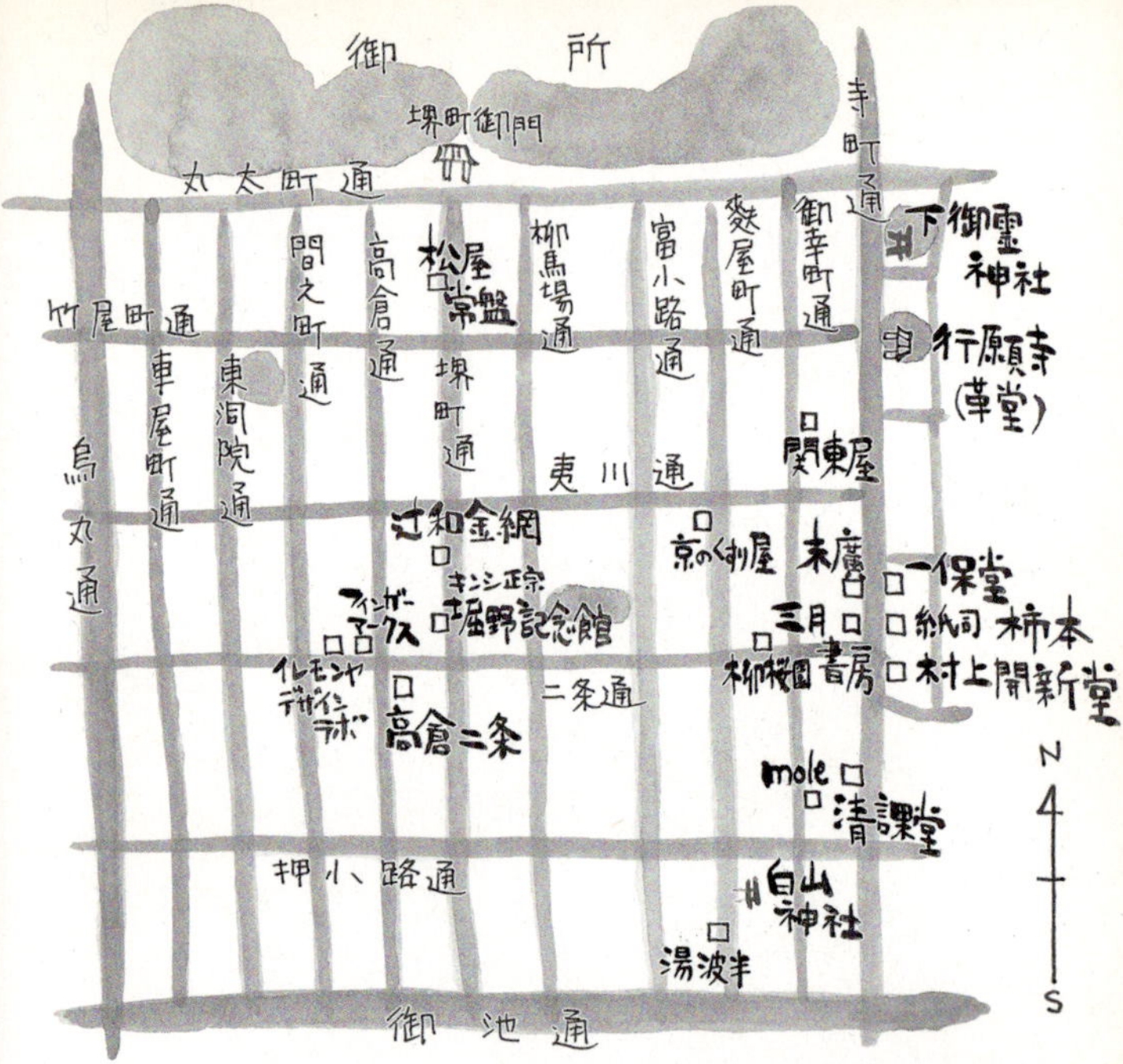

夷川通麩屋町西入ル

京のくすり屋

薬屋さんの視点で
よりすぐった体にやさしい
グッズや食品がいっぱいです。
私のお気に入りはアロマディフューザー。
アロマオイルを霧状にして
吹き出します
熱を使わないので
安全で有効成分も
こわれません
さらにマイナスイオン
効果も
プラス。

9時〜18時
土曜9時〜17時
日・祝日休み

堺町通

松屋《まつや》常盤《ときわ》

御所の堺町御門を背に下る白味噌風味のしっとりもっちりな「味噌松風」は歴史をほこるお菓子で購入には予約が必要です。

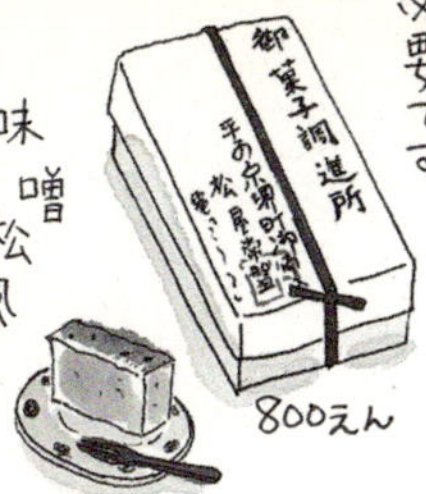
味噌松風

9時〜17時、不定休

ご主人がもくもくと作業されている

辻《つじ》和《わ》金網《かなあみ》

職人さんの手により編み上げられたシンプルで美しく機能的な道具が並ぶお店です。網目ひとつひとつに愛情が感じられ道具好きにはたまりません。

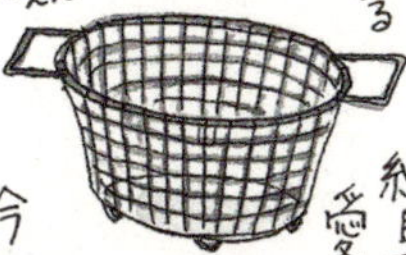
なんだかかわいい水きりカゴ
4725えん
修理もしてもらえます

今お気に入りの足付焼網
1890えん
焼網受
ガスの火を分散してくれる
1890えん

9時〜18時
日曜・祝日休み

キンシ正宗

堀野《ほりの》記念館

キンシ正宗の名で知られる旧堀野家本宅。昔の市中の酒造りの歴史が学べます。ここで造られる地ビールが人気でお酒の試飲もたのしめます

甘党の私は酒かすアイス食べてのほほ〜ん

桃の井のお水がいただけます

11時〜17時
月曜、年末年始休み

行願寺《ぎょうがんじ》

通称 革堂《こうどう》として

親しまれています。開山の行円は小鹿を宿した鹿を射止めたことから悟り仏門へ入りました。その鹿の革をずっとまとっていたので「革聖」と呼ばれていたのが名の由来です。

こうどう

観音

洛陽七観音の一つのご本尊・十一面観音像は秘仏で1月17・18日のみ開帳されます

おふみさんの幽霊絵馬

奉公先で殺された自分を探す親に借りていた手鏡を返しにきたおふみの姿が写された絵馬とその鏡がお盆のころに公開されています。

寺町通二条上ル
末《すえ》廣《ひろ》

一保堂のお向かい
昔のたたずまいのお寿司屋さん。
冬になると
食べたくなるのは
末廣さんの
蒸しずしです
寒い外から
店内へ入り
一保堂さんを
ぼんやり見ながら
待つことしばし。
熱々の蒸しずしの
ふたを開ければ
湯気と香りが幸せをよび
一口食べればにんまりです。

蒸しずしは
11月で3月の間
1400えん

10時～19時
月曜休み

御幸町通夷川上ル
関《かん》東《とう》屋《や》

江戸時代から続く
天然醸造の製法を
守るお味噌の老舗。
こちらのちょっとかわいい
お味噌、無花果と
ブルーベリーのお味噌が
アイスやパンにあうんです。

酸味と
甘さが
いいかんじ
100g
525えん

9時～18時
日・祝・第3土曜休み

寺町通二条上ル
一保堂茶舗

大のれんを
くぐると店内には
茶つぼがどっしり、
ずらりと並んでいます
白い三角巾を
かぶった店員さんが
テキパキと
作業してはるのが
心地いいです。
店内には
喫茶室「嘉木《かぼく》」があり
それぞれのお茶の種類によって
おいしい淹れ方を
教えてもらいながら
お菓子といっしょに
いただけます。

9時～19時
日・祝は18時まで
無休(年始のみ休み)

紙司《かみじ》 柿本《かきもと》

寺町通二条上ル

9時～18時
日・祝10時～17時
年末年始休み

江戸末期(弘化二年)からの老舗ですがモダンな構えです。
いろいろな和紙、千代紙がそろうお店で便箋や封筒、葉書も数々あります。

村《むら》上《かみ》開《かい》新《しん》堂《どう》菓舗

明治40年創業
京都でいちばん古い洋菓子店。

10時～18時
日・祝・第3月曜休み

ぜいたくな気分になれるロシアのビスケット菓子「ロシアケーキ」

1枚168えん

店内はとてもレトロで素敵な雰囲気。クラシックな什器に入ったビスケット、宝石のように並べられたロシアケーキに心がおどります

もうひとつの名物は「好事福盧《こうずぶくろ》」紀州のおみかんのゼリー(11月～3月)
夏季はオレンジゼリーになります。

おみかんのゼリーはやさしい味です。

494えん

寺町通二条上ル

三《さん》月《ゲツ》書房

人文系書籍が揃う書店。

11時〜19時
日・祝
12時〜18時
火曜休み

今日の気持ちを捜せる本屋さんです。

新本屋さんですが他の新本屋さんとはちがう存在感。本屋さん好きの私は気づけばついつい長居をしています。

寺町通二条下ル

清《せい》課《か》堂《どう》

錫《すず》をはじめ銀、銅など金属工芸専門店。

落ちついた照明の中置かれた金属の器が大人の輝きをはなっています。そんな中小さくてかわいいでもあかぬけている小物も揃っているので行けばほしい物がみつかってしまいます。

水滴に目がない私

兎水滴

3675えん

ペンギンのペーパーウェイト

4725えん

雀の根付け

7000えん

清課堂さんのワンちゃん

10時〜18時
日・祝・年始・お盆休み

二条通御幸町西入ル

柳《りゅう》桜《おう》園《えん》茶舗

三千家御用達の老舗なので
お抹茶はたくさんの銘柄を
扱っておられます。
鮮度が命のお抹茶は
必要なだけを工房で
碾《ひ》かれています。

日常使いの
お茶も豊富です

週末限定の
手炒り焙煎ほうじ茶
1575えん

和紙がていねいに貼られた茶筒がまたかわいい。

かりがねほうじ茶
1050えん

RYUOUEN

店内はお抹茶のいい香りがします

9時～18時
日曜休み

二条通高倉西入ル

イレモノヤ デザインラボ

町家を改装した
お店はとっても
お洒落です。
外から
中庭まで見通せる
不思議な空間美。
オリジナルの収納・
家具・インテリア
があり
オーダーメイドも
できます。

11時～19時
無休（年始のみ休み）

CHICO BOX
はなんだか
楽しいです

フタ付

場所にあわせたりして
マイ・ボックスのオーダーメイドもしてもらえますよ

二条通高倉西入ル

フィンガーマークス

finger marks

11時〜20時
年末年始休み

頼れる町の家具屋さん
アンティーク、オーダー、オリジナル
オーナーさんや店員さんと話していると
扱う家具への想いが
伝わってきます。
愛着のある家具の
修理やリメイクの相談には
じっくり一緒に考えてくれたうえで
木工から塗装、張り替えまで
高い技術力で応えてくれます
想像以上に素敵になって
帰ってきた家具を見て
一緒にニコニコしてくれます。
店内にはアクセサリー、ファブリック
もありますよ。

高《たか》倉《くら》二《に》条《じょう》

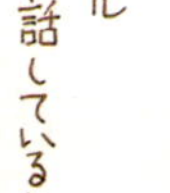

通り名を付けたらーめん屋さん

11時〜15時
18時〜22時
土日祝は21時まで
不定休

「これ、ラーメンじゃないかも」
アジ・サバ・カツオの
魚ダシと濃厚な
豚骨を合わせたスープ。
味はしっかりでもあっさりで
ラーメンはちょっと…
という時でもいけます
一見おそばのような
全粒粉を使った麺は
ミネラルや繊維が多く
美容にもいいのです
食べないては
ないですよね！

顔見知りになると勝手にかくれメニューが出てくるかも…

麩屋町通御池上ル

白山《はくさん》神社

歯痛平癒の神さま

平安中期
加賀白山の僧兵たちが
捨て放った三基の神輿の
一基をこの周辺の町人が
祀ったのが起源だとか。
残りの二基は
八坂神社へ
運ばれたそうです。

江戸中期
歯痛に悩む
後桜町天皇が
神箸と神塩を
献上すると歯痛が治ったといわれています。
この神社の神箸を赤ちゃんの「食い初め」に
用いると一生無病息災で
過ごせるそうです。

神箸(長寿箸)の
中に入っている
神塩を
歯にぬって
このお箸で
食べれば
よいそうです。

御幸町通二条下ル

カフェモール

入口から植物があふれ
そこだけ別の時間が
流れているように感じるお店です。
店内も明るすぎない
空間で落ち着きますよ。

11時30分〜18時
水曜休み

メニューも
体に
やさしそうな
ものが
そろっています

ヒヨコ豆の
カレーは
玄米
ごはん
700えん

麩屋町通御池上ル

湯《ゆ》波《ば》半《はん》老舗

虫籠窓に、
ばったり床几、
湯葉の製造
卸店ですが小売もしていただけます。
「湯波半」と書かれた
白いのれんをくぐると
木枠で区切られている
平鍋が並んでいます。
湯葉づくりは朝の
三時ごろから
はじめられるようです
職人気質のご主人が
つくられる湯葉は
ほんに美味です。

さしみ
湯葉
1500えん

柚子と
だしじょうゆ
とで
食べる
のが
おすすめ

8時〜18時
木曜休み

寺町御池

亀《かめ》屋《や》良《よし》永《なが》

御池煎餅が有名です。おつかいものをよく買いに行きます
美しく粋な名のお菓子がたくさんあります。

8時～18時
日曜・第1・第3水曜休み

季節を感じるウィンドーのセンスが好きなので通るたびに見ています。

御池煎餅の缶のロゴは「棟方志功」作です

ふわりと軽い食感

22枚入
1155えん

寺町通姉小路下ル

スマート珈琲店

昭和7年創業
山小屋風なお店は
宮大工さんによるものだそうです。
レトロな喫茶店で
引き継がれる味は
また食べたくなります。

8時～19時、無休

スマート珈琲のホットケーキ
550えん

マッチもお洒落。

寺町通三条上ル

矢《や》田《た》寺《でら》

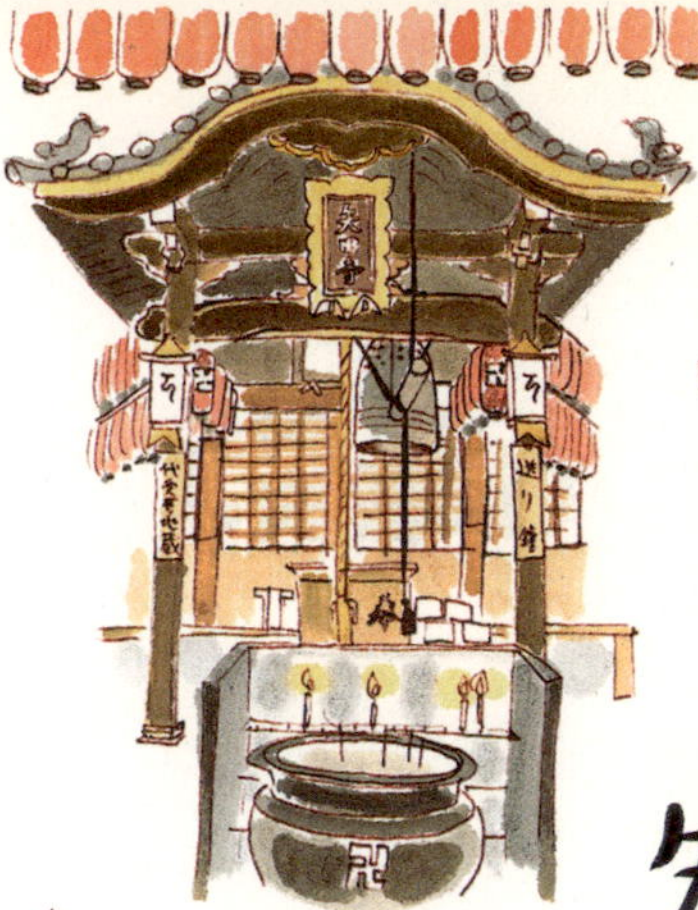

お盆の送り火の日に
死者を冥土に送る「送り鐘」で有名。
寺町のアーケードの中にあり
赤い提灯が所狭しと並び
小さいけれど存在感のあるお寺さん

奈良にある
矢田寺の別院として
満米《まんまい》上人と小野篁により
五条坊門に建立されたが
応仁の乱で炎上、その後
現在の地に移転
されました。

迫力満点の絵馬

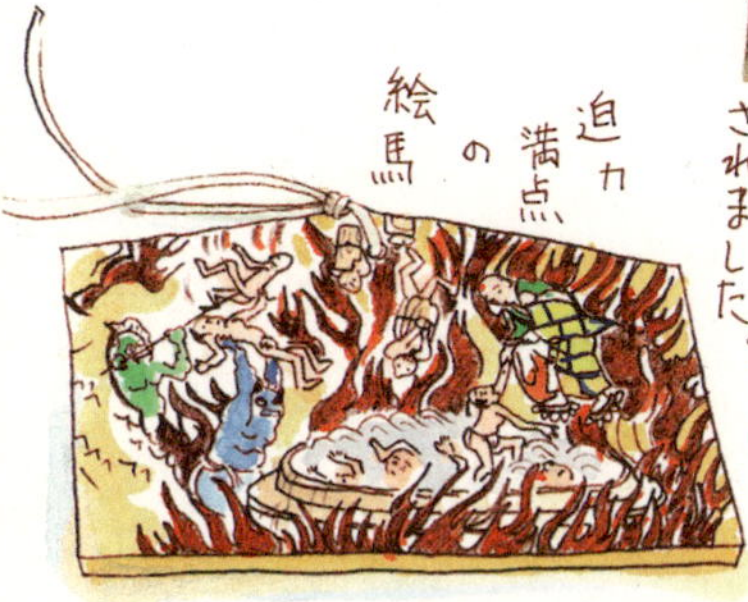

満米上人が
焉ん魔さまに
招かれ地獄を見物した時、
咎《とが》人を地獄から救っている
お地蔵さまの姿を見て
そのお姿を刻んだのが
ご本尊の地蔵菩薩。
ご本尊は人間の地獄の苦しみを
代わりに受けておられ
厄除け、開運・安産・病気平癒の
霊験があるといわれています。
特に「愛の願掛け地蔵」といわれ
縁結びのご利益もあるそうです。
境内の「送り鐘」をつくと
あらゆる「苦」が逃げ
仏の加護を念じている人だけ
楽しいことが残るといわれています。

ぬいぐるみ地蔵

お守り

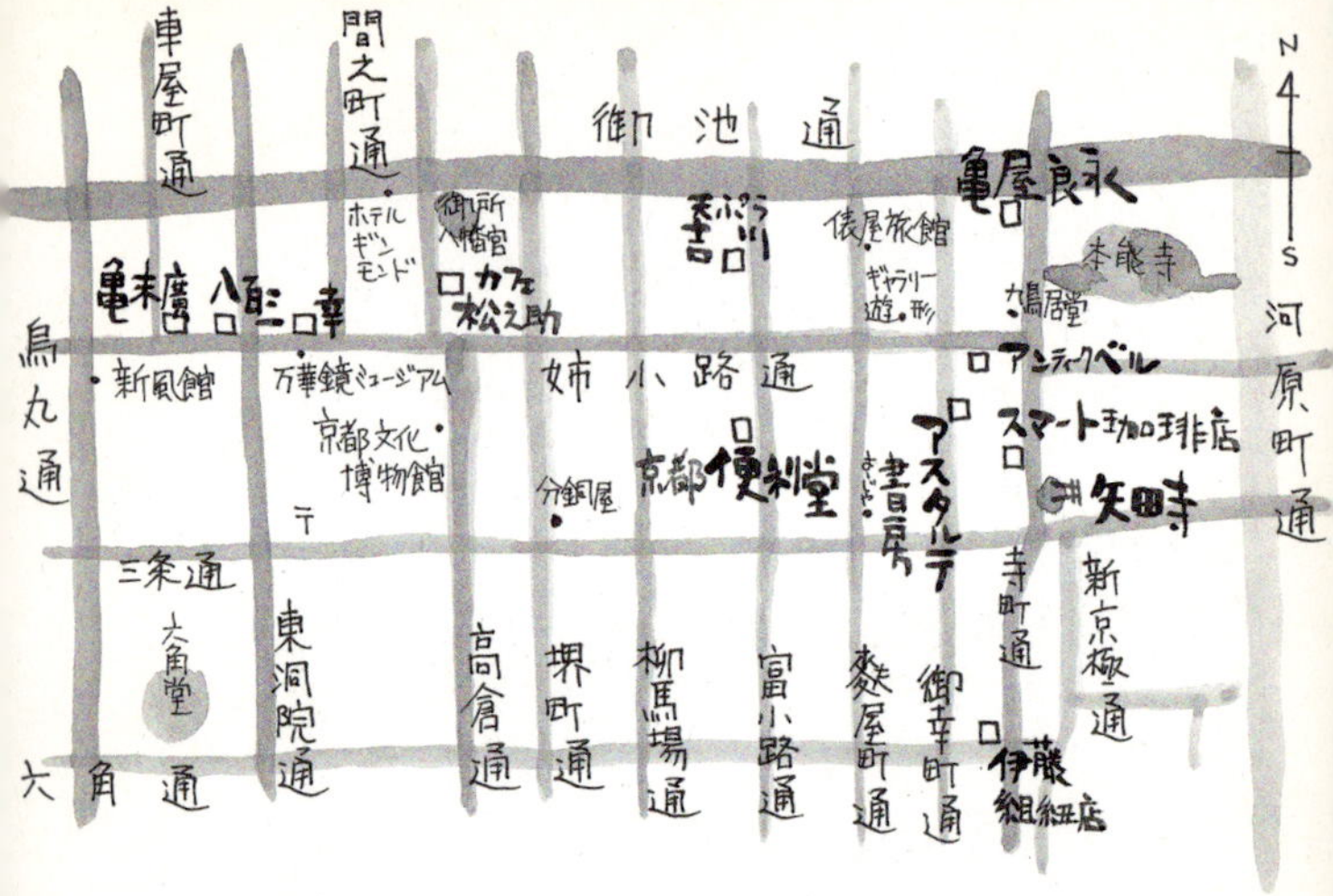

寺町六角

伊藤組紐店

こちらのお店もディスプレイが素敵。

茶道具、能楽の衣裳や道具用の紐を注文にあわせて製作されています。

店内には色鮮やかな茶道具用などの真田紐が並び日本の伝統色の美しさをはなっています。

ストラップなどもあり目移りしてしまいます。

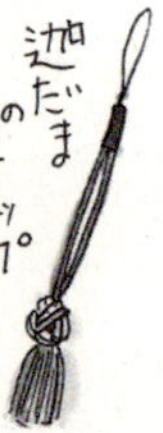

釈迦だまのストラップ

1155えん

10時30分～18時
年末年始休み

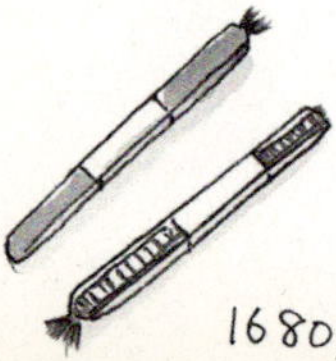

真田紐
1680えん

姉小路通寺町西入ル

アンティーク ベル

14時〜20時
水曜休み

オーナーさんはやさしい男性の方。聞けばなんでもやさしく教えてくれます。60年代のものが中心でレトロ雑貨、家具、食器。骨董が身近に感じられるお店です。

キズものなどお得なお値段がつけてあるよ

昭和初期のものもかわいいです。

陶のナイフ

御幸町通三条上ル

アスタルテ書房

ハイツの2階

黒のスリッパがお洒落

扉を開け靴をぬいでお部屋にお邪魔する感じがちょっと緊張しますが時間が経つにつれて本探しに夢中になり、なじんできます。雨の日に何冊か本を買った時のこと雨に濡れないようとても丁寧に包装してくださいました本好きとして心あたたまりました。

12時〜19時、木曜休み

富小路通御池下ル

料理旅館 天ぷら吉川

築百年の数寄屋造《すきやづくり》の料理旅館で予約もなしに気楽に天ぷらがいただけます。

玄関の北にもう一つ入口がありそこから奥へ

元お茶室だった所でカウンターごしに目の前で揚げられる天ぷらが二千円からいただけます

朱鷺コース 2000えん

水鶏《みずなぎ》コース 4000えん

カウンター天ぷらコーナー
11時～14時　日曜休み

三条富小路上ル

美術はがきギャラリー京都

便《べん》利《り》堂《どう》

全国の美術館、博物館の絵はがきが壁一面にずらりと並んでいます。見たことのあるものから見たことのないものまでじっくり見ると一枚二枚は手に持っている自分に気づきます。オリジナルのステーショナリーもいろいろあります。

10時30分～19時30分
1・2・6月の第1・第3水曜休み

葉書サイズのクリアファイル 210えん

高倉通御池下ル

CAFE & PANTRY

松《まつ》之《の》助《すけ》

10時〜21時
日・月・祝は20時まで
無休

こちらのアップルパイが好きでよく買いに行きます。通年食べられるアップルパイと冬においしくなるリンゴを使った秋冬のアップルパイ毎年たのしみです。

持ち帰りオーブンで温めてアイスクリームをそえて食べるのが好きです。

ビスケットも好き。

姉小路通東洞院東入ル

幸《みゆき》株式会社

9時30分〜17時
土・日・祝休み

帯芯・さらし・手拭い・などの綿布問屋。問屋さんなのでお値段がとってもお得で定番的なものも豊富にそろっています。

手拭いも150えんからあり台所用やらなんやらとたくさん買えます。

姉小路通東洞院西入ル

八《や》百《を》三《さん》

柚味噌専門

昔、御所や社寺に精進料理の仕出しを行っておられ、今は精進料理には欠かせない調味料の柚味噌を専業にされています。

一子相伝の味は奥ゆきのあるおいしさです。

店内に魯山人が篆刻した看板があります。

柚味噌
曲物入
130g

870えん

愛宕《あたご》山の麓の嵯峨水尾とよばれる集落で採れる上質の柚子で柚味噌は造られています。

柚子型の陶器の入れもんがかわいいです

210g
3500えん

ほんとうにおいしいのでいろいろなお料理にあいますよ。

パンにもグー。

ふろふき大根にはかかせない

9時〜18時、日・祝・第3木曜休み

姉小路通車屋町東入ル
御菓子司

亀《かめ》末《すえ》廣《ひろ》

お店の外観も 店内も
とても感じのいいお店です。

こちらの和菓子は、
ここでしか買えない味を
大切にされています。

二百年 近い歴史の中
一対一の商いを
大切にされているお店なのです
なのでいつ行っても
心おだやかに
お買いものしています。

8時～18時、日・祝休み

「京のよすが」という
お菓子が有名です。

秋田杉の箱入り

3200～えん

干菓子に
半生菓子
有平糖
金平糖などが
美しく
詰め合わせられ
四季折々
たのしめます。

1000えん

小さい
サイズも
あるので
一人でも
味わえます

パッケージや
包装紙も
とても
洒落ているので
勉強になります。

上ル下ル西入ル東入ル

「そんなに適当でいいの？」最近、東京の友人に言われて驚きました。待ち合わせ場所を告げた時です。「そしたら11時に寺町今出川の花屋さんの前で。○○さんは、そこを、ちょっと下がったとこやし。」すごくわかりやすく言ったつもりでしたが、友人は「寺町今出川？」と、とても不安になってしまったそうです。結局、彼女はホテルのフロントで確認して無事にたどり着いたのですが、会ったとき出た言葉が冒頭のせりふです。

碁盤の目のように東西南北に通りが並ぶ京都市街では、ある場所を指定する時に、まず縦横の通り名で交差点を示し

（さっきの例では寺町通と今出川通）

そこからどちらの方向に行くか伝えます。北へ行くにはアガル、南はサガル、東西はそれぞれ東入ル、西入ルと言います。北に行くのを上ルと言うのは北に内裏があったからだそうですが、南北に流れる鴨川を見ればわかるように北に行くほど標高が高くなるからと、単純に考えた方が感覚的に覚えやすい。

とにかくこれが当たり前なので、お店のショップカードなんかを見ても町名や番地のないものも多い。人に道を尋《たず》ねる時など下手に町名や番地で尋ねると、かえって通じない事があるくらいです。なれると簡単ですから京都にいらっしゃる時は、ぜひマスターしてくださいね。

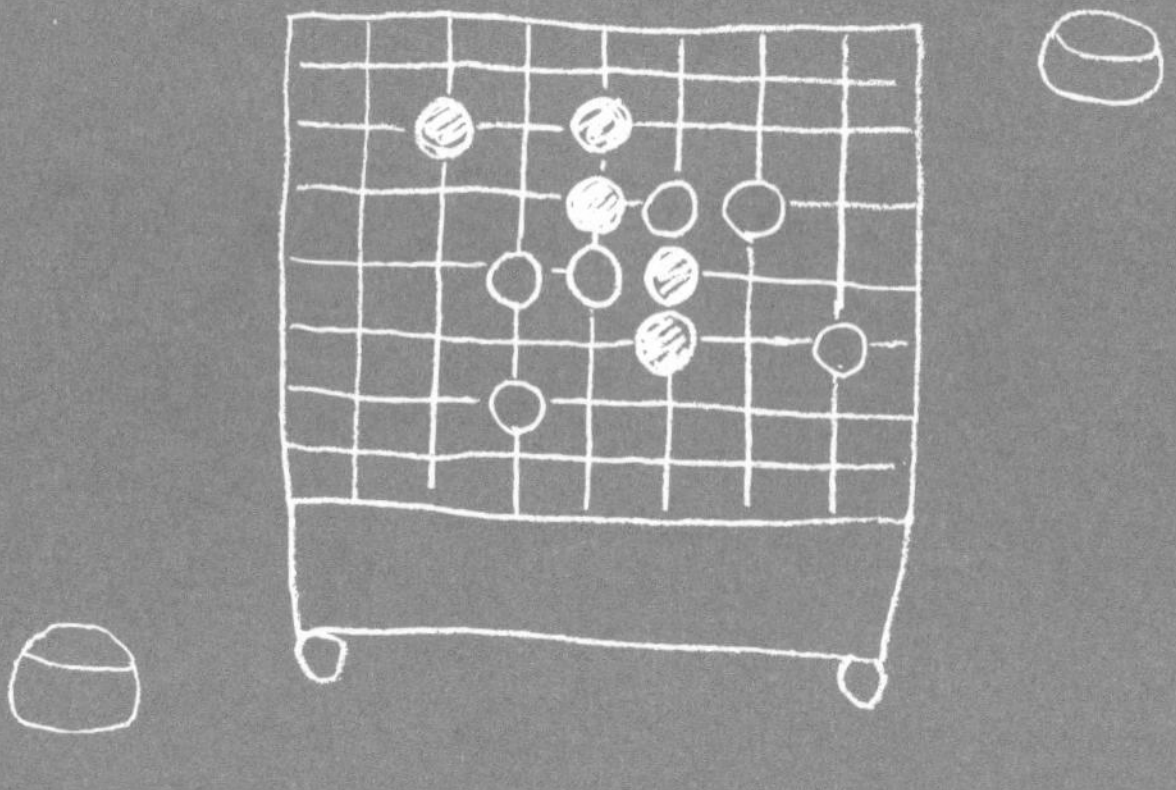

京都の通り名の唄

● 東西に通る道

丸竹夷二押御池《まるたけえびすにおしおいけ》、姉三六角蛸錦《あねさんろっかくたこにしき》、四綾仏高松万五条《しあやぶったかまつまんごじょう》、雪駄《せった》ちゃらちゃら魚棚《うおのたな》、六条三哲《ろくじょうさんてつ》とおりすぎ、七条《しちじょう》こえれば八九条《はちくじょう》、十条《じゅうじょう》、東寺《とうじ》でとどめさす

(丸太町《まるたまち》通・竹屋町《たけやちょう》通・夷川《えびすがわ》通・二条《にじょう》通・押小路《おしこうじ》通・御池《おいけ》通・姉小路《あねこうじ》通・ 三条《さんじょう》通・六角《ろっかく》通・蛸薬師《たこやくし》通・錦小路《にしきこうじ》通・四条《しじょう》通・綾小路《あやこうじ》通・仏光寺《ぶっこうじ》通・高辻《たかつじ》通・松原《まつばら》通・万寿寺《まんじゅじ》通・五条《ごじょう》通・雪駄屋町《せきだやちょう》通（楊梅《ようばい》通）・魚《うお》の棚《たな》通（六条《ろくじょう》通）・三哲《さんてつ》（塩小路通）・七条《ひっちょう》通・八条《はっちょう》通・九条《くじょう》通・十条《じゅうじょう》通)

● 南北に通る道

寺御幸麩屋町富柳堺《てらごこふやちょうとみやなぎさかい》、高間東《たかあいひがし》は車屋町《くるまや》、烏両替室衣《からすりょうがえむろころも》、新町釜座西小川《しんまちかまんざにしおがわ》、油醒ヶ井《あぶらさめがい》で堀川《ほりかわ》の水《みず》、葭屋猪黒大宮《よしやいのくろおおみや》へ、松日暮《まつひぐらし》に智恵光院《ちえこういん》、浄福千本《じょうふくせんぼん》、はては西陣《にしじん》

(寺町《てらまち》通・御幸町《ごこまち》通・麩屋町《ふやちょう》通・冨小路《とみのこうじ》通・柳馬場《やなぎのばんば》通・堺町《さかいまち》通・高倉《たかくら》通・間之町《あいのまち》通・東洞院《ひがしのとういん》通・車屋町《くるまや》通・烏丸《からすま》通・両替町《りょうがえちょう》通・室町《むろまち》通・衣棚《ころもたな》通・新町《しんまち》通・釜座《かまざ》通・西洞院《にしのとういん》通・小川《おがわ》通・油小路《あぶらのこうじ》通・醒ヶ井《さめがい》通・堀川《ほりかわ》通・葭屋町《よしやまち》通・猪熊《いのくま》通・黒門《くろもん》通・大宮《おおみや》通・松屋《まつや》町通・日暮《ひぐらし》通・智恵光院《ちえこういん》通・浄福寺《じょうふくじ》通・千本《せんぼん》通・西陣《にしじん》)

唄には少しずつ違うものが何通りか有り、現在の通り名に合わない部分もあります。
この唄で全ての道が覚えられる訳ではありませんが、通りが碁盤の目のように並ぶ京都市内では、知っていると初めての場所でも大まかな位置を知ることができ、なにかと便利です。

ちょっと、跳んでみる

おすすめ体験1

禅と精進料理

東林院

禅の修行といえば座禅を思い浮かべますが、沙羅双《さらそう》樹《じゅ》が有名な禅寺、妙心寺の塔頭《たっちゅう》、東林院《とうりんいん》では、精進料理を通して禅の心に触れることが出来ます。

本来、精進料理は、修行僧のための簡素な「一汁一菜」のお食事。日本の風土と気候を生かして工夫され

たお寺のおばんざいです。そして禅の教えでは、食べ物を作ることも食べることも修行なのだそうです。

季節の素材の味を生かし、野菜の皮一枚無駄にしない調理法や段取り、きちんと味わうことを学びます。食事という日常的な所作の一つ一つに意識をむけることで「気づき」が、促される。

私も日々の食事に感謝するということを忘れていました。命を頂く感謝。作った方への感謝。そんな気持ちがあれば、一人の食事の時でも「いただきます」が自然と口に出て来ますよね。

昔と違ってお野菜やお肉にもブランドがあり、通信販売で外国の食材まで簡単に手に入る。とても幸せなことです。でも、この何でも手に入る時代に、地元でとれた身近な食材を、素直に「ありがたいなぁ」と感じる心が持てたら、それはとても尊く、もっと幸せなことかもしれません。

時間も水も無駄にしない。身の回りのありふれた全ての物事を大切にする。知っているだけでなく、何事も経験して初めて身に付くのだと気付かせてくれる、そんな体験会です。

お庭の見えるお座敷で頂いたお料理は、とてもとてもおいしかった。心も身体も「ごちそうさま」です。

「素材を感謝の気持ちをもって
生かしきること」と
ご住職 西川玄房さんの
すべてに
感謝する
禅の心の
お話で
はじまり

お寺の
おばんざいを
教えていただきます。
私が参加したのは8月。
夏野菜を使った
お献立でした。
いただくお料理9品中、
素麺のとろろきゅうりかけ、
枝豆の寒天チーズ、
こんにゃくのごま味噌和えの
三品を習いました。

盛りつけも
工夫次第で
さらに
おいしく
見せ
られるので
一つ一つ
心をこめて

つくることも修行です。
お野菜の皮も葉も
水も火も時間も
いかに無駄なく
使うか意識します

お鍋の
大きさで
火かげん
時間が
かわり
ます。

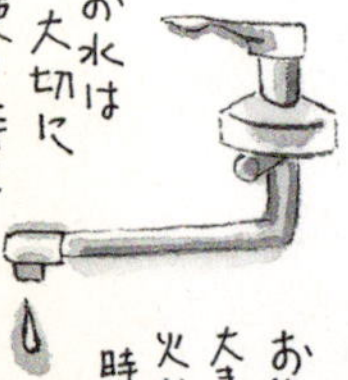

お水は
大切に
使う時に
使う分だけ

お料理ができたら
お膳を
お庭が見える間《ま》に
運びます。

廊下は
お静かに

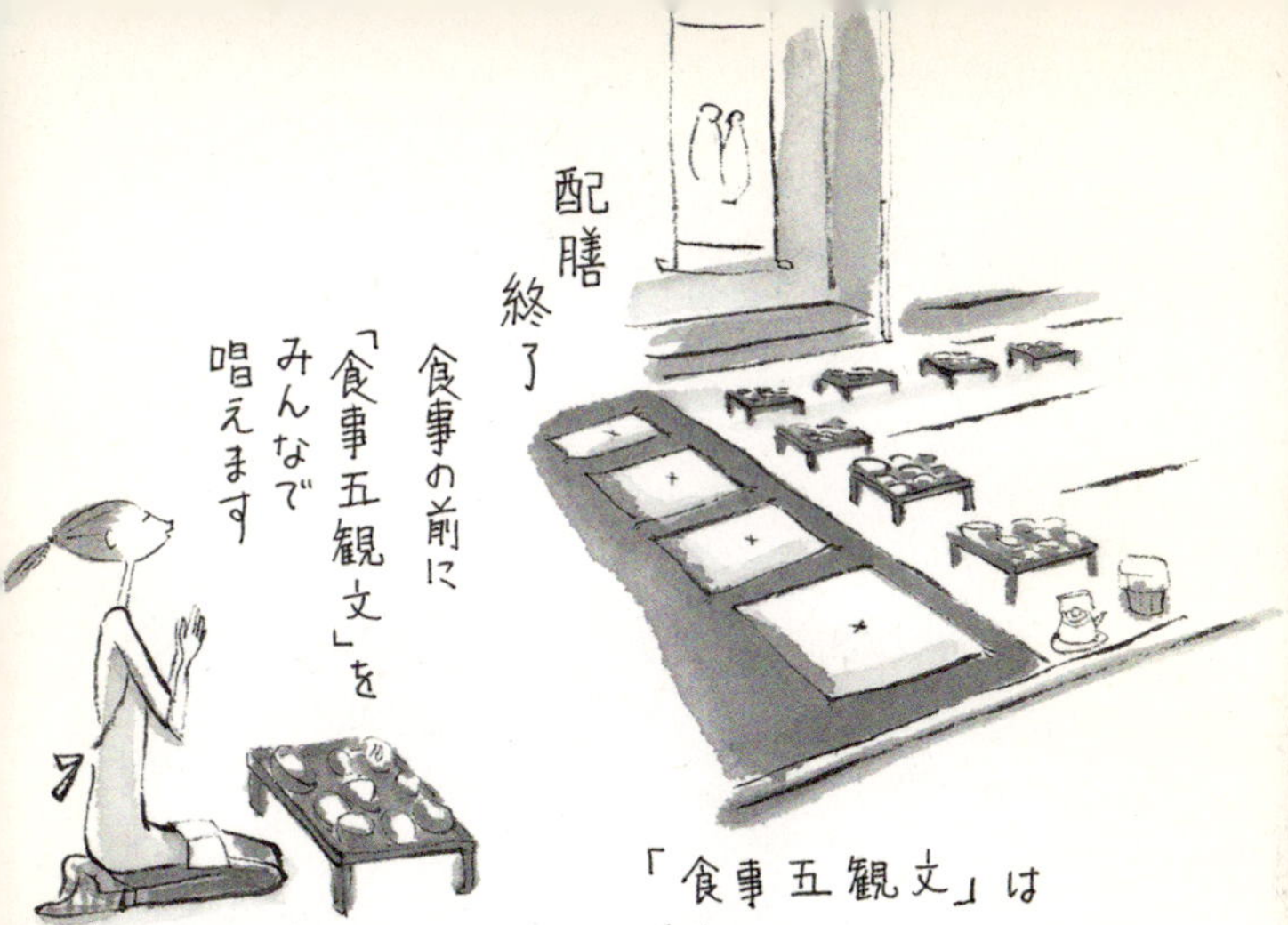

配膳終了
食事の前に「食事五観文」をみんなで唱えます

「食事五観文」は
食事に対する 心がけや
作法について 厳しくもわかりやすく
説かれたもの。

あたりまえの ようだけど
日常は 忘れて しまいがちなことを
あらためて むきあえ ました。
この時間に 感謝です。

寺のおばんざい

禅寺で精進料理を体験する会

日時：毎週 火曜日・金曜日　午前10時から午後1時まで
場所：沙羅双樹の寺　東林院「添菜寮」
指導：住職　西川玄房 和尚
費用：3150円
申し込み：電話で確認の上、〒番号、住所、氏名、年齢、性別、電話、
期日、参加人数を記入して往復ハガキにて申し込み。
問い合わせ先：〒616-8035　京都市右京区花園妙心寺町59
沙羅双樹の寺　東林院　　電話：075-463-1334

おすすめ体験2

舞妓さんの着付け

いつでも出来ると思っていたらいつまでもできないものですね。ずっとやってみたかった舞妓《まいこ》体験に行ってきました。

今回、お世話になったのは、芸妓《げいこ》さんとして上七軒《かみしちけん》にでておられた「勝ふみ」さん。花街のお話などをしながら楽しく着付けをしていただきました。

着物や帯は実際に舞妓さん達が着用していたものなので、生地、色柄と本当に良いものがそろっています。

私はその中から、舞妓さんが一年にいちど八朔《はっさく》の日に着るという特別な着物を選びました。黒の絽の紋付。舞妓さんの正装です。芸妓さんに比べ、かわいらしい舞妓さんの着物の中でも渋め。絵柄も美しく、撫子《なでしこ》の花に虫かご、かんざしはススキです。驚いたのは細部へのこだわり。例えば一見白地に見える半襟《はんえり》に施《ほどこ》された細かい刺繍《ししゅう》。さらに目に付かないところにまでデザインがいきとどいていて、見た目の派手さではない豪華《ごうか》さ、贅沢《ぜいたく》さがあって、着ているだけで満足感がありました。

けれど、一日このいでたちで過ごすのは並大抵のことではありません。写真撮影の時には、より美しく映るように姿勢のアドバイスがあるのですが、とても長時間その姿勢を保つことはできませんでした。

「舞妓さんって、たいへんなんだ」

勝ふみさんは着物以外にも本物にこだわることで、見た目の華やかさだけでなく、花街で働く人々の本当の姿を少しでも多くの人々に伝えたいのだそうです。

やはり本物に触れる機会は大切です。

上七軒「おふぃす勝ふみ」さんで
舞妓さん体験。

…わァ

上七軒の元芸妓さんの
勝ふみさんに
メイク・着付け・
撮影まで
していただけます。
一人二時間貸し切り
状態になるので
ゆっくり心ゆくまで
堪能《たんのう》できます。

ドキドキ

過去のアルバムなどを
見せていただき
自分のなりたい感じを
選んでいきます
決まれば、
浴衣に着がえて
いざいざ変身です。

勝ふみさんが
花柳界の
お話などしながら
テキパキ メイク

お化粧は
水おしろいを
ぬってもらい
眼の下に紅を
さしてもらったり
初めてのことばかりです。

すごく手早いのに
びっくりでした。

白ぬり顔の
メイクが
できたら

足袋を先に
はいておきます。

こちらでは
実際に
芸舞妓さんが
着ておられた
着物や帯を
着せてもらえるのが
うれしいです。

本物の色や
手ざわりは
本当にいいと
実感できます。

舞妓さんの着物は「お引きずり」

今回は
夏用の着物で紋付です

かつらも本格的です。

その人にあったかつらが長年の勘で一発でわかるという勝ふみさん

かつらをかぶり顔にあわせて形をととのえます。

着物にあわせてその季節のかんざしを選んでいただけます。八月は「すすき」です。

舞妓さん姿ができあがれば記念撮影です

勝ふみさんがポーズの指導をしてくださるのですがおこぼはバランスをとるのがすごくむずかしいし美しいポーズはとてもしんどい姿勢から生まれていると気づきあらためて舞妓さんはすごい！と思いました。

おこぼ

花街なので外出はできません

おふぃす勝ふみ - 京都・上七軒 - （MAP P249 参照）

営業時間：10 時～ 18 時　年中無休
場　　所：京都市上京区今出川通御前上ル北野 885・108
申し込み：要予約（一組ずつの受付、一人でも O.K）
電　　話：075-465-0188　http://maikotaiken-katufumi.com/
料　　金：舞妓・芸妓体験　各 12600 円
L 判サイズの写真プレゼント
黒紋付きは 2100 円・3150 円ＵＰ

あとがき

両手のひらで、すっぽりつつめる小さくてかわいい本ができました。私のふだんづかいの過ごし方を紹介するなんて、おこがましいやら恥ずかしいやら。けれど、いざ書きだすと伝えたいことが山ほどあって、とても全ては書き切れません。場所も魅力もその一部しかご紹介できませんが、この本が京都をより好きになったり、今までとは違う、その人なりの京都の楽しみ方を見つけるきっかけになれば、とてもとても嬉しいです。

執筆にあたり、あたたかく見守り、また励ましてくださった、祥伝社黄金文庫編集部のみなさん。力を尽くしてくださった編集の宮脇眞子さん。すてきな装丁をしてくださった、こやまたかこさん。本当にありがとうございました。

そしてこの本を手にとってくださったみなさん、本当に本当にありがとうございます。

二〇〇六年九月

小林 由枝

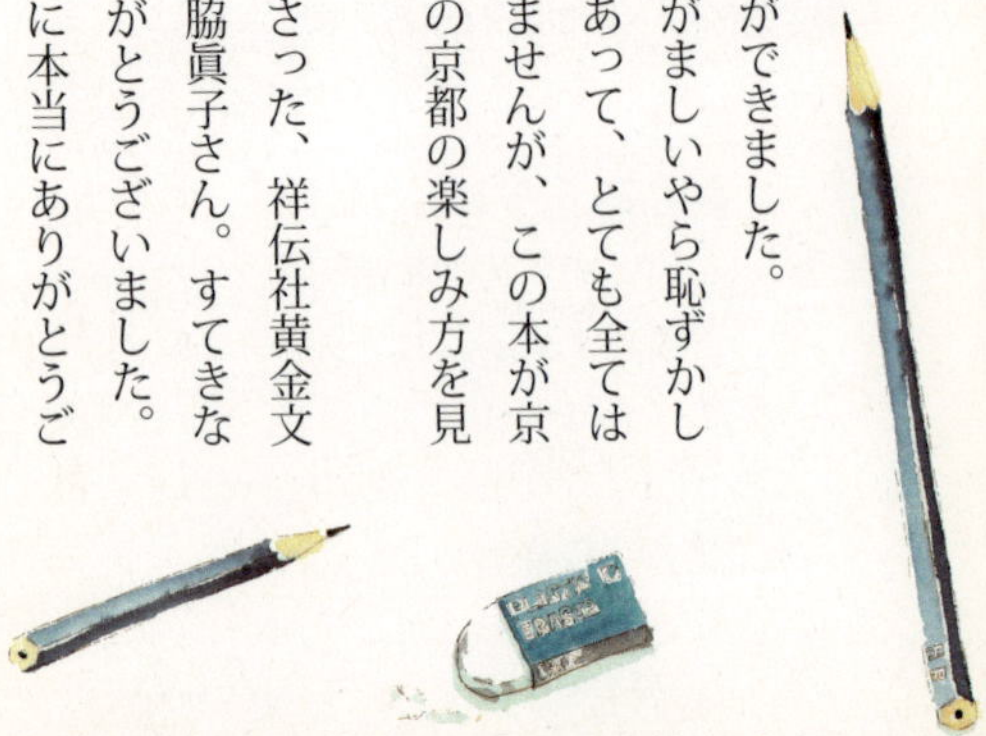

掲載店リスト

〈下鴨〉
加茂みたらし茶屋（甘味）075-791-1652 ……15
美玉屋（和菓子）075-721-8740 ……22
宝泉（甘味）075-712-1270 ……22
ゑびす屋加兵衛神社前店（和菓子）075-781-9339 ……23
下鴨茶寮（懐石料理）075-701-5185 ……23
花折（鯖ずし）075-712-5245 ……26

〈出町〉
千代倉（うどん、寿司）075-231-0358 ……33
出町ふたば（和菓子）075-231-1658 ……33
マツヤ食料品店（食品、阿闍梨餅）075-231-9586 ……34
野呂本店（漬物）075-231-0749 ……34
北店雲月（和食）075-212-3053 ……35
承天閣美術館 075-241-0423 ……43
京菓子資料館 075-432-2211 ……45
アマークドパラディ寒梅館（洋食）075-251-0880 ……45
北村美術館 075-256-0637 ……46
みつばち（甘味）075-213-2144 ……46
李青（喫茶）075-255-6652 ……47

〈吉田・百万遍〉
ラ・トゥール（フランス料理）075-753-7623 ……56
茂庵（喫茶）075-761-2100 ……60
進々堂（喫茶）075-701-4121 ……74

〈哲学の道〉
白沙村荘（橋本関雪記念館）075-751-0446 ……82
㐂み家（甘味）075-761-4127 ……90
ふろうえん（洋食）075-771-1276 ……91
緑菴（和菓子）075-751-7126 ……91
日の出うどん（カレーうどん）075-751-9251 ……93
野村美術館 075-751-0374 ……95
ウェスティン都ホテル京都 075-771-7111 ……102

〈北野〉
老松（和菓子）075-463-3050 ……113
小きみ（和食）075-462-7697 ……113
ひだまり（喫茶）075-465-1330 ……117
とようけ屋山本本店（豆腐）075-462-1315 ……118
粟餅所澤屋（甘味）075-461-4517 ……118
きゃら（茶ざんしょう）075-467-3356 ……119
長文屋（七味）075-467-0217 ……121
ノキロ・アートネット・ギャラリー（工芸）075-464-9622 ……123

〈千本西陣〉
京のてんてん西陣本店（てぬぐい）075-432-2421 ……138
ドラート（蜂蜜）075-411-5101 ……139
にこら（蕎麦）075-431-7567 ……141
鳥岩楼（親子丼）075-441-4004 ……142
かま八老舗（和菓子）075-441-1061 ……143
五辻の昆布（昆布製品）075-431-0719 ……143
近為（漬物、お茶漬）075-461-4072 ……143

〈東山〉
喫茶六花（喫茶）075-541-3631 ……157
いづ重（寿司）075-561-0019 ……158
下河原阿月（甘味）075-561-3977 ……162
鍵善良房高台寺店（甘味）075-525-0011 ……163
洛匠（甘味）075-561-6892 ……165
てっさい堂高台寺店（書画）075-531-9566 ……165

〈祇園・松原〉
尾張屋（お香）075-561-5027 ……181
するがや祇園下里（和菓子）075-561-1960 ……181
何必館　京都現代美術館 075-525-1311 ……182
甘泉堂（和菓子）075-561-2133 ……183
ぎおん萬屋（うどん）075-551-3409 ……185
京きなな（アイスクリーム）075-525-8300 ……185
革工房Rim（革製品）075-551-8262 http://www.rim-works.com/ ……191
織布（帽子）075-525-1508 ……191
松壽軒（和菓子）075-561-4030 ……194
圓堂（天ぷら）075-551-1488 ……198

桜月庵（喫茶）075-525-1510 ……………………………………199

〈寺町〉
京のくすり屋（医薬品）0120-752-891 ……………………………210
松屋常磐（和菓子）075-231-2884 …………………………………211
辻和金網（金網製品）075-231-7368 ………………………………211
キンシ正宗堀野記念館 075-223-2072 ……………………………211
末廣（寿司）075-231-1363 …………………………………………213
関東屋（味噌）075-231-1728 ………………………………………213
一保堂茶舗（茶葉）075-211-3421 …………………………………213
紙司柿本（紙製品）075-211-3481 …………………………………214
村上開新堂（洋菓子）075-231-1058 ………………………………214
三月書房（書店）075-231-1924 ……………………………………215
清課堂（錫製品）075-231-3661 ……………………………………215
柳桜園茶舗（茶葉）075-231-3693 …………………………………216
イレモンヤ・デザインラボ（家具）075-256-5652 ………………216
フィンガーマークス（家具）075-212-8360 http://www.fingermarks.net …217
高倉二条（ラーメン）075-255-9575 ………………………………217
カフェ・モール（喫茶）075-256-2038 ……………………………219
湯波半老舗（湯葉）075-221-5622 …………………………………219
亀屋良永（和菓子）075-231-7850 …………………………………220
スマート珈琲店（喫茶）075-231-6547 ……………………………220
伊藤組紐店（茶道、和装小物）075-221-1320 ……………………222
アンティークベル（アンティーク）075-212-7668 ………………223
アスタルテ書房（古書）075-221-3330 ……………………………223
吉川（天ぷら）075-221-5544 ………………………………………224
便利堂（ミュージアムグッズ）075-253-0625 ……………………224
松之助（喫茶）075-253-1058 ………………………………………225
幸（布地）075-221-3425 ……………………………………………225
八百三（柚味噌）075-221-0318 ……………………………………226
亀末廣（和菓子）075-221-5110 ……………………………………227

※本書に掲載している情報は、2006年8月現在のものです。
　営業時間、商品価格は変更される場合があります。

下鴨（P7〜P26）

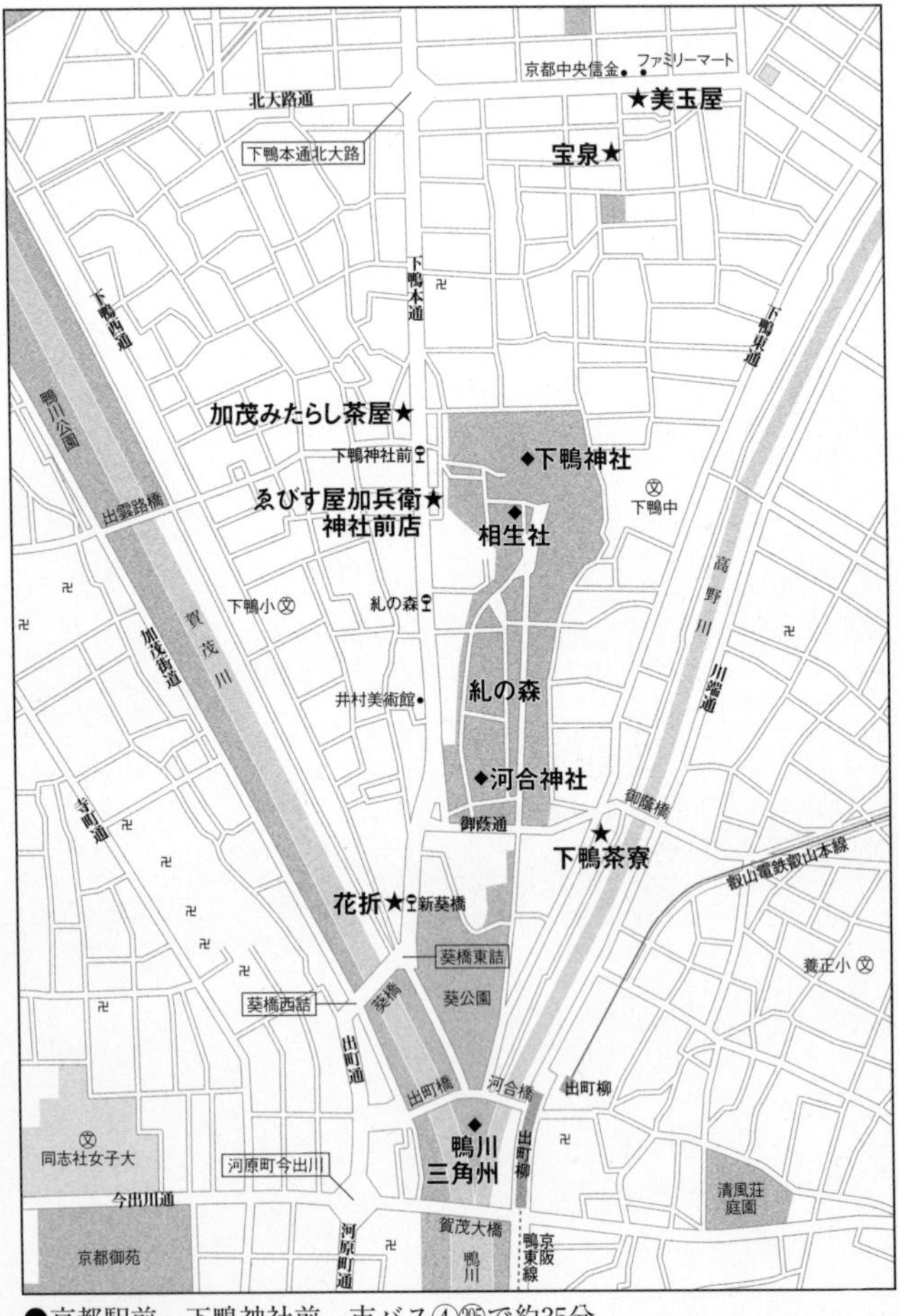

●京都駅前〜下鴨神社前　市バス④⑳で約35分

出町（P27〜P50）

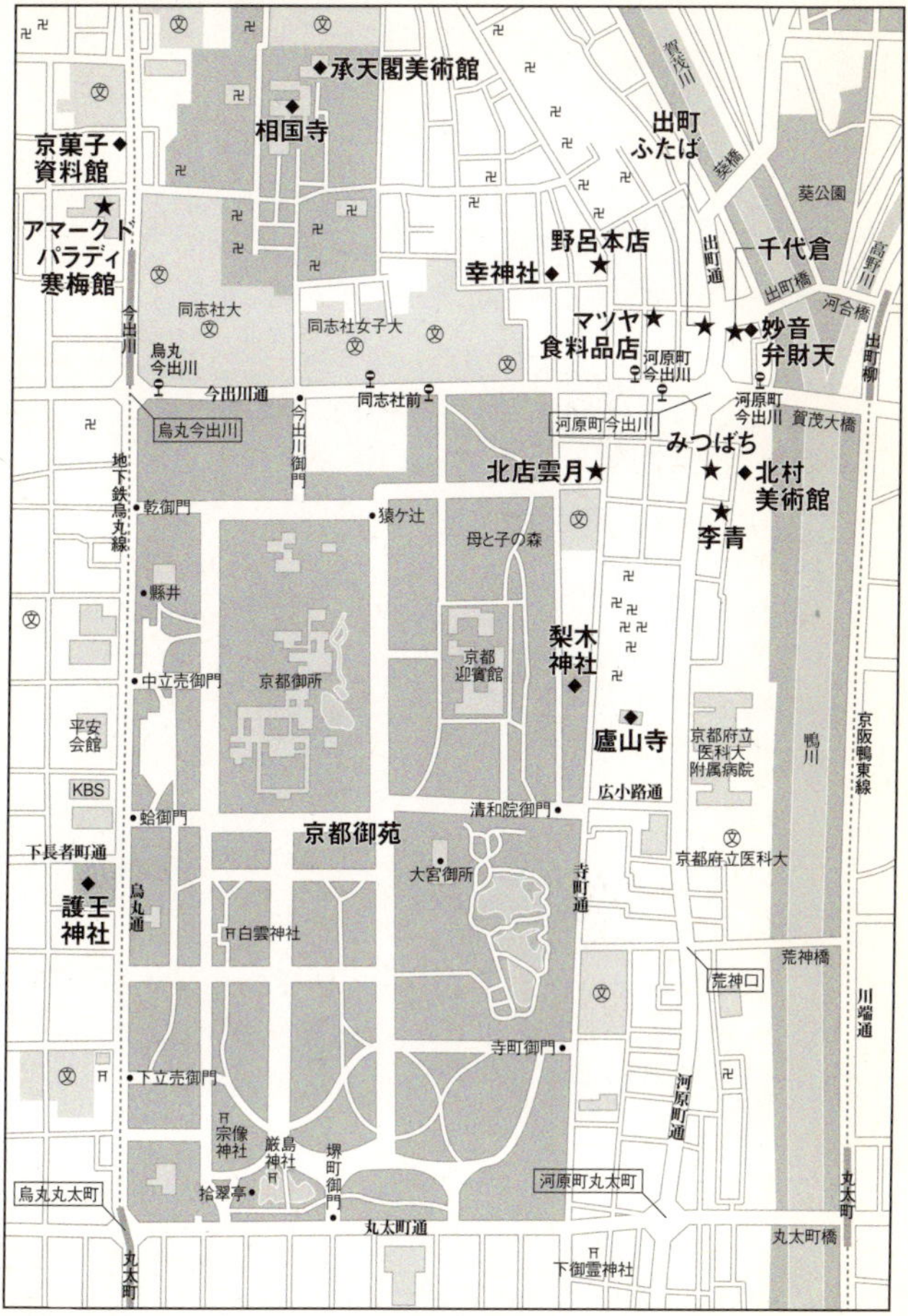

●京都駅前〜河原町今出川　市バス④⑰㉠で約25分
●京都駅〜今出川駅　地下鉄烏丸線で約10分

吉田・百万遍（P51～P74）

●京都駅前～京大正門前　市バス㉖で約35分

哲学の道（P75〜P102）

●京都駅前〜銀閣寺道　市バス⑤⑰⑩⑩で約40分

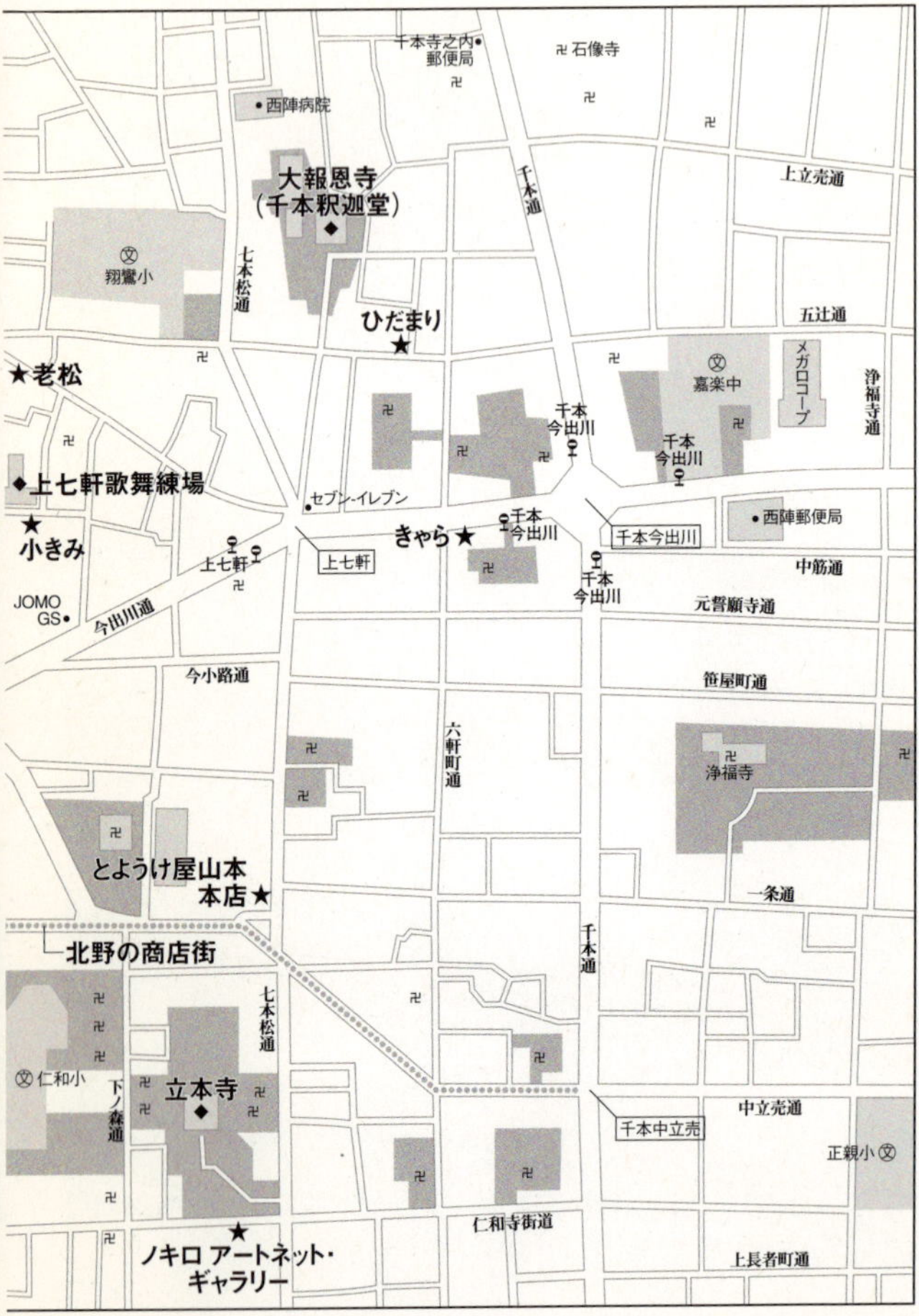
千本寺之内
郵便局
石像寺
西陣病院
大報恩寺
（千本釈迦堂）
千本通
上立売通
七本松通
翔鸞小
ひだまり
五辻通
老松
嘉楽中
メガロコープ
浄福寺通
千本
今出川
上七軒歌舞練場
セブン-イレブン
小きみ
上七軒
きゃら
千本今出川
西陣郵便局
中筋通
JOMO
GS
今出川通
元誓願寺通
今小路通
笹屋町通
六軒町通
浄福寺
とようけ屋山本
本店
一条通
北野の商店街
仁和小
下ノ森通
立本寺
中立売通
千本中立売
正親小
仁和寺街道
ノキロ アートネット・
ギャラリー
上長者町通

北野（P103～P126）

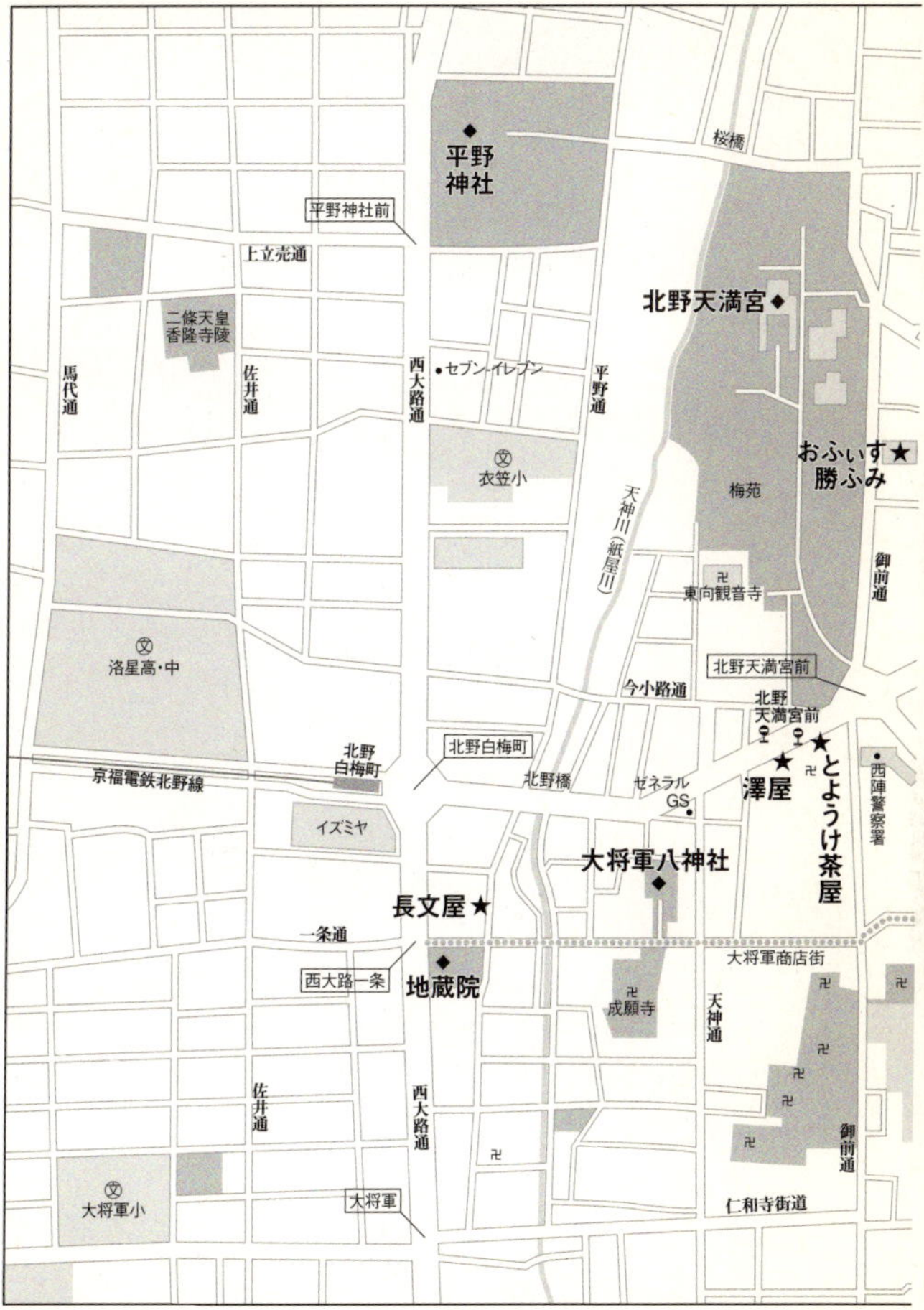

●京都駅前～北野天満宮前　市バス㊿で約30分

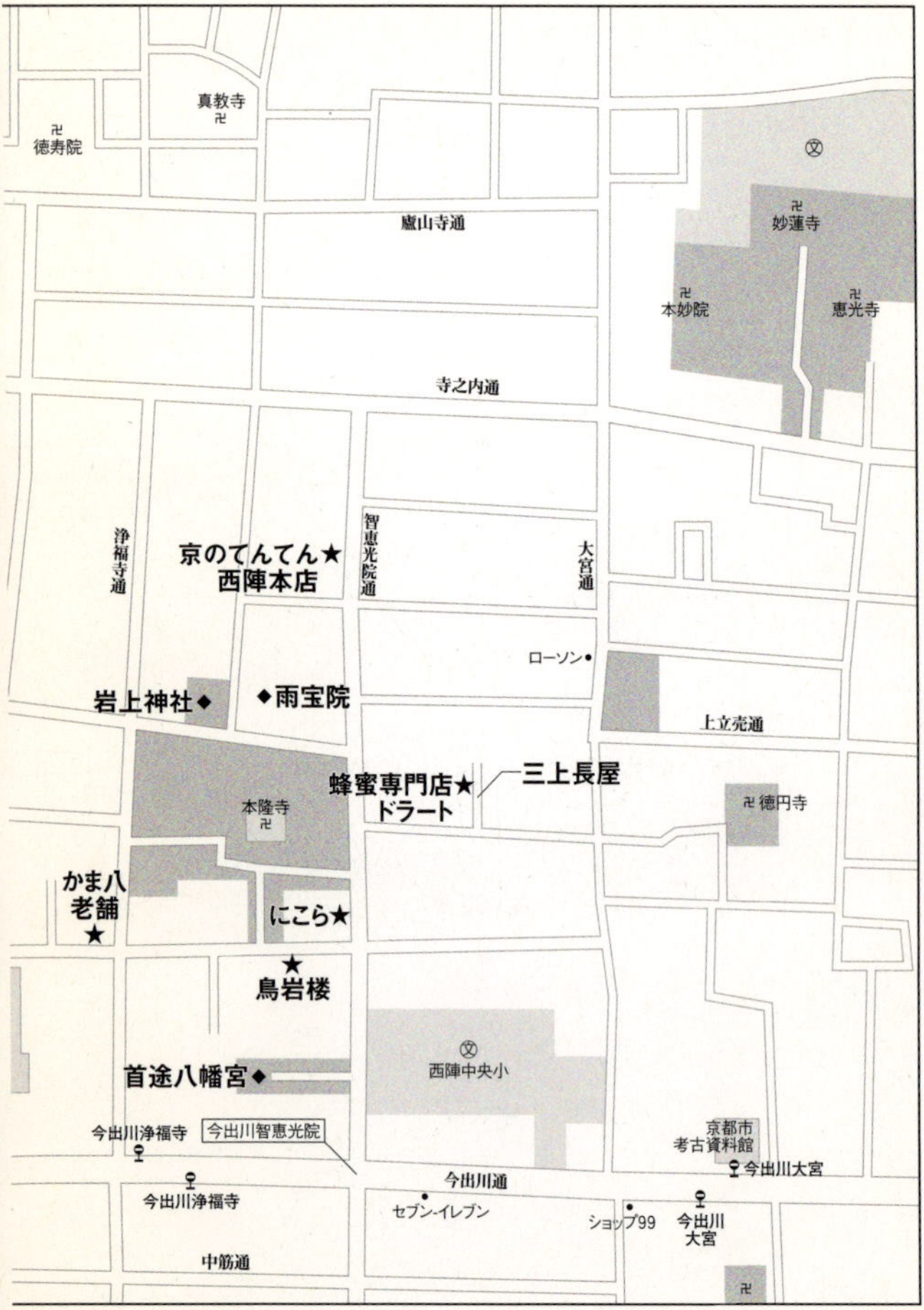

真教寺
徳寿院
廬山寺通
妙蓮寺
本妙院
恵光寺
寺之内通
浄福寺通
京のてんてん★
西陣本店
智恵光院通
大宮通
ローソン
岩上神社◆
◆雨宝院
上立売通
蜂蜜専門店★
ドラート
三上長屋
徳円寺
本隆寺
かま八
老舗
★
にこら★
★
鳥岩楼
首途八幡宮◆
西陣中央小
今出川浄福寺
今出川智恵光院
京都市
考古資料館
今出川大宮
今出川通
今出川浄福寺
セブン-イレブン
ショップ99
今出川
大宮
中筋通

千本西陣（P127～P146）

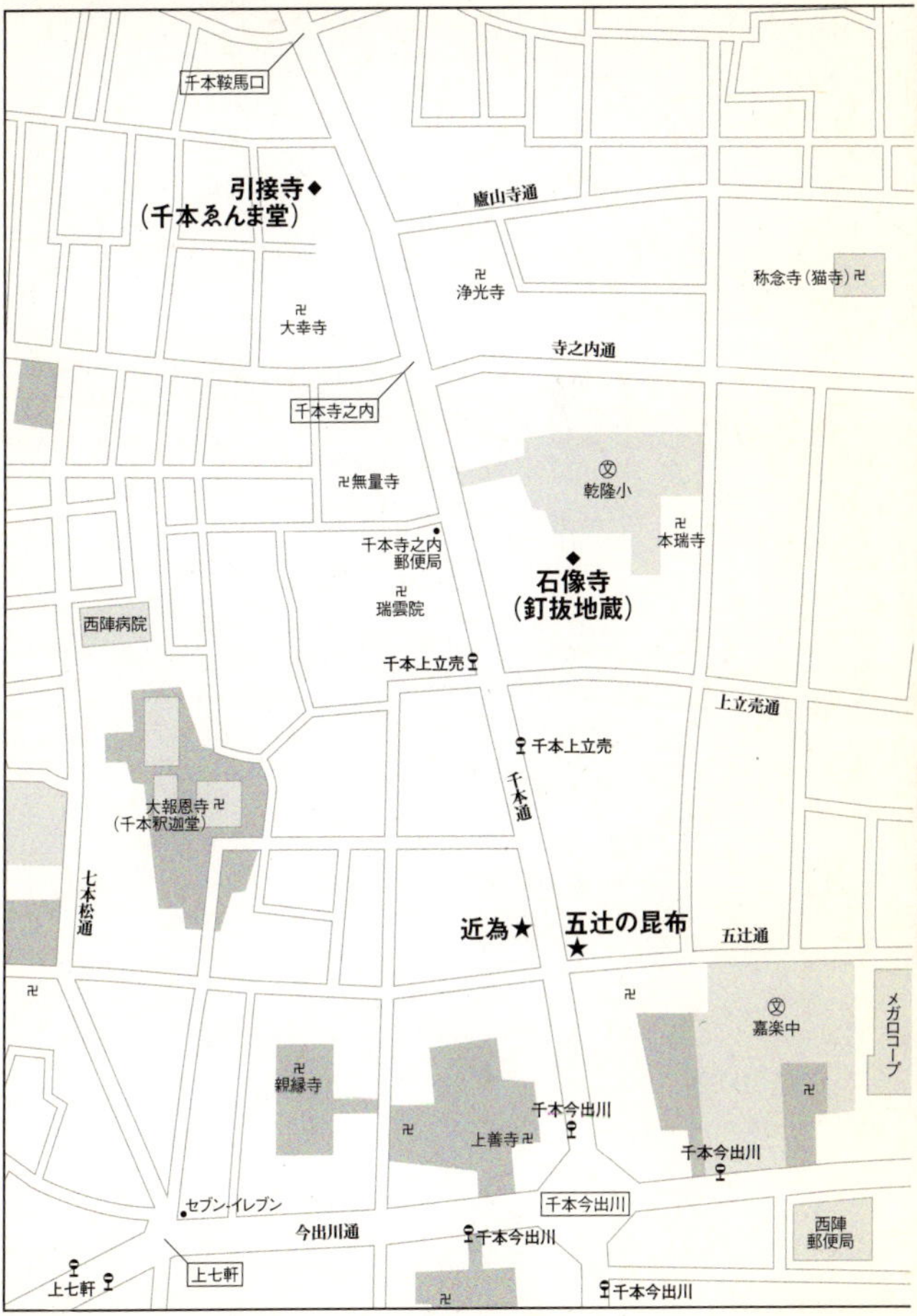

●京都駅前～千本今出川　市バス㉖で約30分

東山（P147〜P174）

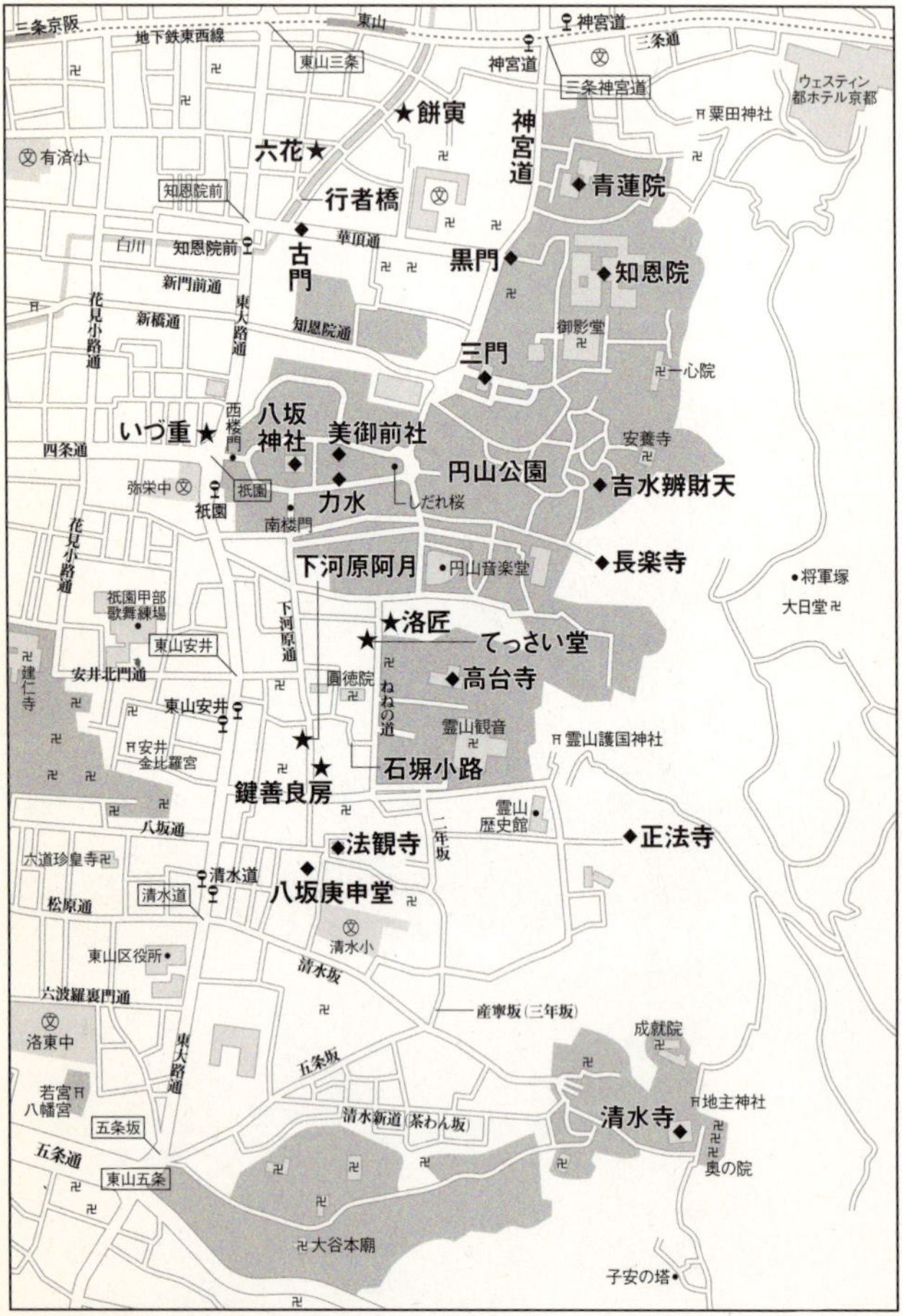

●京都駅前〜神宮道　市バス⑤57で約25分

祇園・松原（P175〜P202）

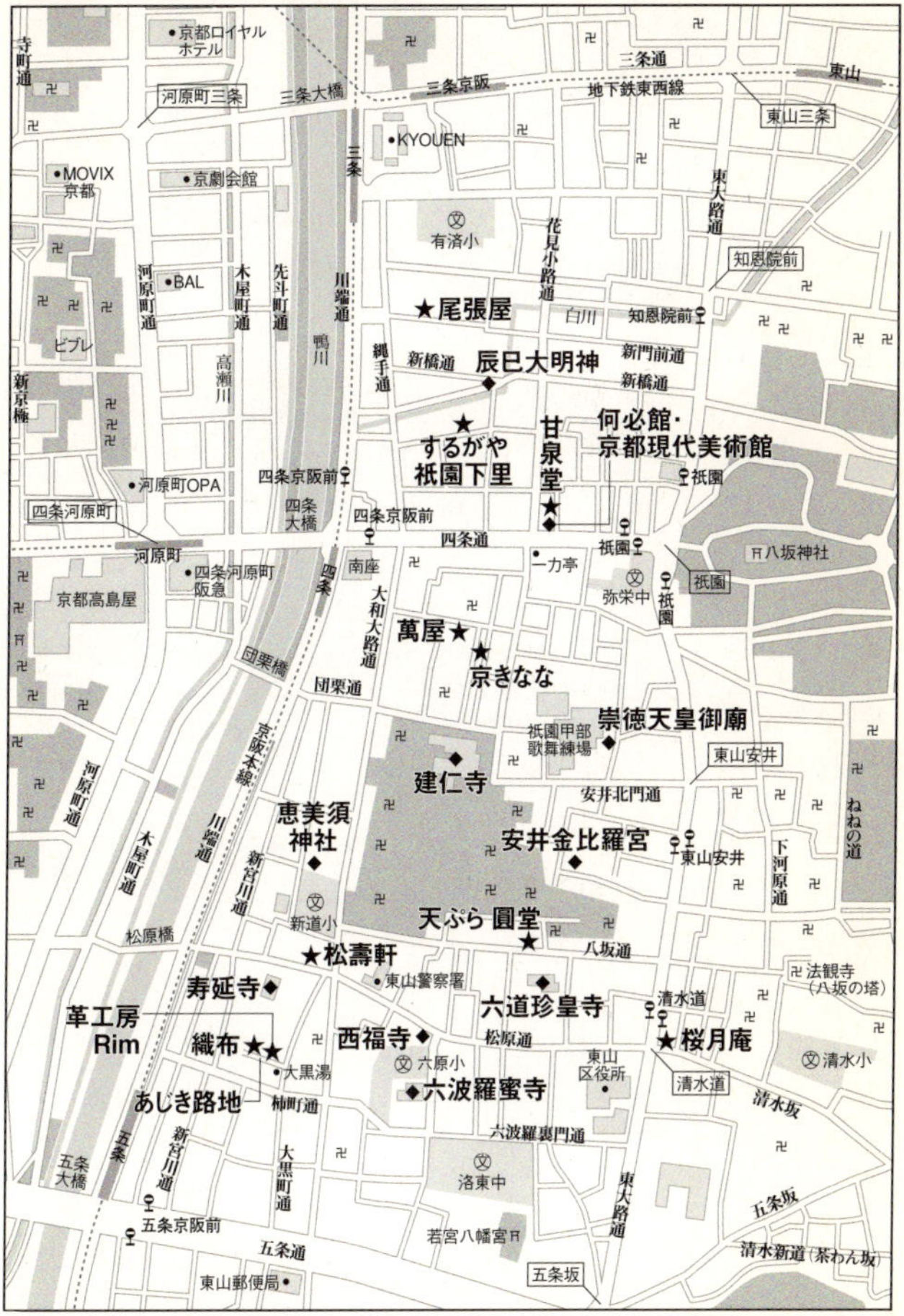

●京都駅前〜祇園　市バス⑩⑳で約20分

寺町（P203～P230）

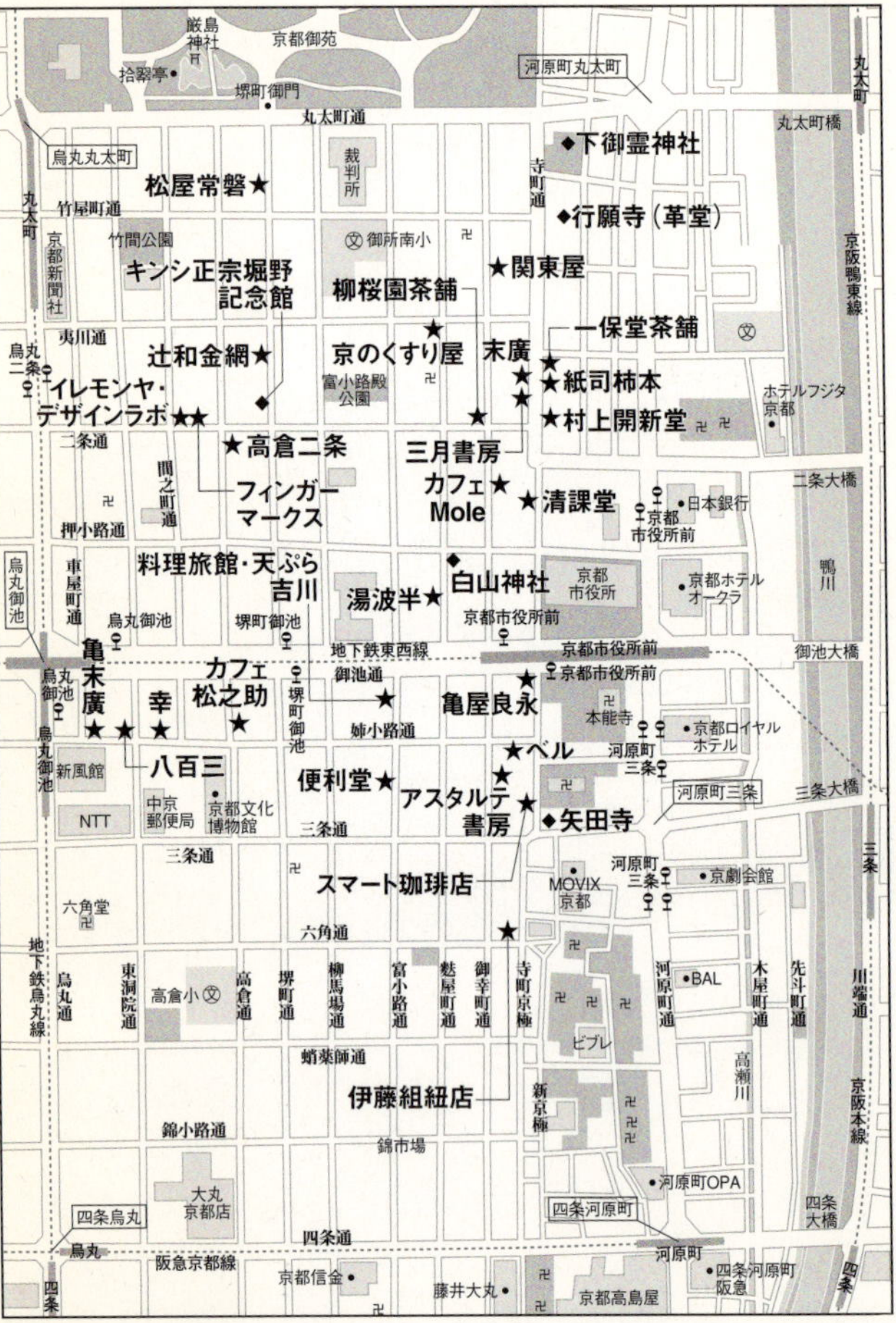

●京都駅前～京都市役所前　市バス④⑰㉕で約20分

祥伝社黄金文庫

祥伝社黄金文庫　創刊のことば

「小さくとも輝く知性」――祥伝社黄金文庫はいつの時代にあっても、きらりと光る個性を主張していきます。

真に人間的な価値とは何か、を求めるノン・ブックシリーズの子どもとしてスタートした祥伝社文庫ノンフィクションは、創刊15年を機に、祥伝社黄金文庫として新たな出発をいたします。「豊かで深い知恵と勇気」「大いなる人生の楽しみ」を追求するのが新シリーズの目的です。小さい身なりでも堂々と前進していきます。

黄金文庫をご愛読いただき、ご意見ご希望を編集部までお寄せくださいますよう、お願いいたします。

平成12年(2000年)2月1日　　祥伝社黄金文庫　編集部

京《きょう》都《と》でのんびり　私《わたし》の好《す》きな散歩《さんぽ》みち

平成18年10月25日　初版第1刷発行

著　者　小《こ》林《ばやし》由《ゆき》枝《え》

発行者　深澤健一

発行所　祥《しょう》伝《でん》社《しゃ》

東京都千代田区神田神保町3-6-5

九段尚学ビル　〒101-8701

☎03（3265）2081（販売部）

☎03（3265）2080（編集部）

☎03（3265）3622（業務部）

印刷所　萩原印刷

製本所　ナショナル製本

ISBN4-396-31418-3　C0195

祥伝社のホームページ・http://www.shodensha.co.jp/